Índice

Breve prólogo a la edición electrónica

Desde aquel día de 2007 pasaron muchas cosas.
En lo personal, no creo demasiado en la utilidad y el interés de los prólogos.
Son, acaso, una suerte de testimonio más que cualquier otra cosa.

A lo largo del tiempo transcurrido desde la aparición quasi artesanal de *Baigorri hacía llover*, cada tanto regresa el interés por su historia.
Entrevistas en diferentes medios, consultas, preguntas y la permanente atracción que produce su relato me convirtieron en una especie de biógrafo oficial.

Se trata de un rol extraño que asumo con alegría.

Puedo jactarme de haber sido citado, por ejemplo, por Daniel Balmaceda en uno de sus libros y de haber llegado a ser productor de Diego Scott, todo de la mano de Baigorri.

Me robaron la computadora y el disco rígido de respaldo con los originales del libro, pero si hablamos de versiones digitales, la originalidad es una cuestión de versiones. Felizmente había otras copias.

Silvio Huberman, que me propuso la historia, ya no está. Fue testigo del recorrido insólito e inesperado del libro, y sin duda estaría de acuerdo con esta nueva existencia – no tan nueva en realidad- que le proponemos.

Ahora, empujado por las fuerzas secretas de la pandemia, aparece la versión electrónica.

En última instancia, todo esto no deja de ser literatura.

Por lo demás, ¿qué otra cosa se puede esperar de un libro que el encuentro con su lector?

Como sea que lo leas, ojalá te de el mismo placer que a mi escribirlo.

Buenos Aires, julio de 2020, año de la pandemia.

Honor y gratitud

Como a propósito, la vida de Baigorri es tan misteriosa como su máquina de hacer llover.
Hay, sin embargo, una serie de coincidencias y de gratitudes que no deben soslayarse, porque forman parte de ese mismo misterio, de esa mística que comparten quienes de una u otra manera, participaron de la construcción de su historia.

Todos ellos son participantes en primera persona.

Muchos de ellos, mágicamente, sabían de Baigorri pero no lo recordaban, y un instante después, mientras dejaban fluir la memoria, estaban hablando de "el hombre que hacía llover", o "el mago de Villa Luro".
En medio de la dificultad detectivesca de hilvanar a tantas personas en una misma cadena de acontecimientos, se produjo una feliz coincidencia: la formidable predisposición a participar de la búsqueda. Un entusiasmo como deportivo se despertó en cada persona consultada. Todos quisieron participar. Eso es, sin duda, parte de la magia de Baigorri.

Eduardo Aulicino detuvo un instante su máquina de analizar la realidad para escucharme, y para darme un nombre.

Luis Sartori me ofreció el acceso a su amistad y a un tesoro de información periodística.

Pedro Luisi, el archivista del Colegio Nacional de Buenos Aires, es responsable de que sepamos que Baigorri no fue a ese colegio, y de brindarme su trabajo y su afecto.
El archivo es el archivista.

El Doctor Juan Salvador Libertino regresó inesperadamente a la medicina hablando de Baigorri.

Con el Señor Mario de la cochería Tarulla, lamentamos que los archivos no fueran eternos.

Con Carmen Roig sentí la presencia de Baigorri espiando desde su altillo en la vereda de enfrente, resignado a las opiniones de los otros.

El Señor Gutiérrez fue la primera puerta que se abrió y habló de Baigorri, su vecino, como si fuera ayer.

Eduardo Lopez, el gasista, fue la primera voz que pronunció el nombre de Baigorri y que me indicó un camino. Nunca lo vi. Quizás no existe.

Beatriz, de la calle Araujo se enteró de la historia de su casa.

Omar Castaño hizo honor al nombre de la Asociación Amigos de Villa Luro.

La Sra. Carmen Martínez, del Registro Civil de San José, Uruguay, me dio una lección de solidaridad y una gran ayuda.

El Coronel Gustavo Tamaño me facilitó el camino.
El Mayor Ríos lo hizo posible.
Federico fue el instrumento

El ingeniero Juan Morrone me ayudó a construir una parte vital de la historia. Es, sin duda, un amigo. Comíamos rabas.

Juan Scrugli, del Ferrocarril Belgrano Cargas demostró, una vez más, que el archivo es el archivista.

El Dr. José Tregob, abogado, me trató como si fuera de la familia.

Jorge Barba me ofreció su amistad, su interés en la historia y el recuerdo de Martín Gil.

Alberto Banchik fue, desde el principio, un gran entusiasta de la historia de Baigorri. En realidad, Alberto es un gran entusiasta de las historias.

Ioram Kaplan me facilitó el acceso irrestricto a su alma; lo cual viene sucediendo desde hace muchos años. Después de escuchar demasiadas veces la historia, le hizo un lugar en la mesa a Baigorri. La culpa es mía, por tener esa clase de amigos.

Fernando Gómez nunca estuvo seguro de lo que estaba sucediendo en esas mesas. Probablemente siga pensando de ese modo, para ya no le importa. Él también se corrió para que entrara el ingeniero.

Juan Martín Mastrorilli cruzó el Océano Atlántico para ocupar su lugar en la mesa con Baigorri.

Todos ellos son los personajes del último capítulo de este libro, que es en realidad otro libro, que cuenta la historia de la historia, y que la literatura no existe, o que todo es literatura.

Génesis

En el principio fue una charla sobre Raúl Baron Biza.
El lugar fue la esquina de la Avenida Martín García y Gaspar Jovellanos, en el barrio de Barracas.
Era de mañana, y en un barcito conversaba con Silvio Huberman acerca de algunos detalles de la vida de ese hombre que fue un dandy, un millonario, un revolucionario, un pornógrafo, un precursor de la aviación civil junto a su primera esposa, y que desfiguró con un vaso de ácido clorhídico (arrojado a la cara) a la segunda, que además, era la hija de Amadeo Sabattini, su mejor amigo y que finalmente se suicidó.

Algunos minutos más tarde Silvio entrevistaría a Christian Ferrer, autor de la biografía de ese hombre que no podía parar de provocar.
De repente, como le ocurre a los religiosos, llegó la revelación del nombre de Baigorri.

No fue una sugerencia de Silvio, fue algo más, una especie de premonición, una suerte.
Después supe que Silvio supo que esa historia me buscaba, y que había decidido ser quien nos presentara. Esa fue otra suerte.
Ese mismo día comencé a investigar a Baigorri, con la misma sorpresa con que la máquina le llegó a él.

Fue el comienzo de un recorrido largo, en el que se mezclaron recuerdos ocultos, lealtades, búsquedas, esperas y el deseo de todos los que de un modo u otro, resultaron involucrados; que no fueron pocos.
En ese lugar mínimo, en la mesa de siempre, Silvio dijo Baigorri.

Hoy estás leyendo la biografía del Ingeniero Juan Pedro Baigorri Velar, el hombre que inventó la máquina de hacer llover.

Corresponde honrar la curiosidad de quien se acerca a una historia de este tipo, ofreciéndole desde un comienzo, el relato de los hechos que justifican su fama.

Luis Althusser, por ejemplo, comenzó su último libro *"El porvenir es largo"*, con la reseña de las circunstancias que lo llevaron a estrangular a su esposa, conciente de que gran parte del público lector de la obra, se acercaba con el pretexto más o menos morboso de enterarse cómo pudo ser que uno de los nombres más reputados de la filosofía contemporánea hubiera, simplemente, asesinado a su mujer en medio del sueño y de la noche.

La historia de Juan Baigorri, como la de quienes adquieren notoriedad en general, puede contarse como dos historias. Una es la suya propia, la del hombre, no menos misteriosa y zigzagueante que el relato de su máquina de hacer llover.
Su vida sucedió a lo largo de épocas muy distintas, y fue, digamos, testigo de la modernidad, y acaso también, su consecuencia.

Baigorri leyó en los diarios los nombres de Yrigoyen y de José Lopez Rega, los mismos diarios que en su momento hablaron de él y de su máquina.
Baigorri nació a finales del siglo XIX y llegó a ver el hombre en la luna.

Existen antecedentes en el intento de hacer llover voluntariamente. Existe incluso, la pluvicultura.
Por alguna cuestión que excede a su historia, los pluvicultores conocidos son americanos. Puede citarse a C. B. Jewell, un norteamericano jefe de ferrocarriles, que a finales del siglo XIX elevaba cargas explosivas a diferentes alturas utilizando globos aerostáticos, para hacerlas explotar mediante un cable telefónico, o al más renombrado, polémico y eficaz Charles Hatfield.
Hatfield era vendedor de máquinas de coser.
Durante el ocio de su tarea se daba a la lectura de temas, digamos, científicos; la lluvia artificial era su preferido.
La lectura del libro *"La Ciencia de la Pluviocultura"* de Edward Powers fue capital en su pensamiento.
Decidió que era posible, y que diseñaría un método propio.
Hasta el año 1958 en que murió en Estados Unidos, donde también había nacido, recorrió todo su país haciendo llover por encargo, siendo en Alaska y en California donde su fama se consolidó.
De resultas de sus estudios, Hatfield había establecido que la mezcla de unas veinte sustancias producían una suerte de gas, que liberado a la atmósfera, era capaz de provocar la lluvia. Se valía de unas torres de cuatro metros de alto para asegurarse de que nadie respirara el producto, y para acercarlo a las nubes.

Se lo hizo responsable de lluvias por más de treinta años, e incluso llegó a litigar en 1915 por la supuesta culpa en el desborde de la represa de Moreno, su pueblo natal en los alrededores de San Diego, California, seguida por el anegamiento de todo el pueblo.
Sin embargo no le guardaron rencor, y un monumento en la represa lo conmemora, igual que la película "The rainmaker" que, en 1956, protagonizaron Burt Lancaster y Katerine Hepburn.

Hubo otros, pero no se conocieron. No eran tiempos para esa clase de intercambios.

Baigorri, a diferencia de sus colegas norteamericanos, ostentaba con orgullo dos características que lo singularizaban. Era un científico y un patriota.
Baigorri no se propuso inventar nada, sino que el invento vino a él, y una vez dado, se comprometió a utilizarlo para el bien común y no para su fortuna ni su fama.

Todo comenzó en 1929.
Pocos meses antes, Hipólito Yrigoyen había asumido la Presidencia de la Nación por segunda vez. Las consideraciones políticas del momento histórico ahora no nos interesan. A fines del año siguiente, en septiembre de 1930 sería derrocado.

El debate entre el rol del Estado y el de los capitales privados, y a su vez entre quienes se beneficiarían con una u otra tendencia es eterno, como el conflicto social.
En ese clima, la Argentina comenzaba a discutir la manera en que se explotaría un recurso nuevo, que desde la Presidencia de Domingo Faustino Sarmiento se sabía presente en el subsuelo de diferentes regiones del país.
La historia rescata el nombre de Enrique Mosconi en ese contexto. Quienes lo precedieron y acompañaron, aunque alcanzaron el podio bautismal de la avenida, el pueblo o la estación, no lograron que el tiempo venza la relación entre su apellido y el mérito que solamente saludan los pájaros en las estatuas y en los carteles.
Enrique Mosconi fue ingeniero y fue militar, pero sobre todo fue un hombre con una gran determinación. Pertenecía a la estirpe de militares que se veían a sí mismos como soldados capaces de una épica sin muertos, en la que la victoria era una construcción a nombre de esa otra utopía que es la Patria.
Fue designado Director de la incipiente empresa nacional de petróleo, luego de que fracasaran los ensayos por concesionar los pozos descubiertos.
No es necesaria la apología de YPF.

En su rol de hacedor de esa empresa, Mosconi, quien para ser fieles a la tradición histórica argentina es recordado más como General que como Ingeniero, convocó a Juan Pedro Baigorri, un joven supuestamente graduado de ingeniero de suelos en la Universidad de Milán, y cuyo nombre en el campo de la geofísica ya tenía un espacio ganado; entre otras cosas, porque esos profesionales eran pocos. Aunque esa convocatoria es mítica, ya se verá por qué, es sin embargo plausible.
En última instancia, el hecho de que al momento de fundar una empresa petrolera se pudiera disponer de un especialista ya formado y con experiencia, no dejaba de ser una suerte. Para ambos.
Mosconi seguramente ignoraba que los días del gobierno constitucional estaban contados. Nosotros sabemos ahora que renunció a su cargo, perseguido por José Félix Uriburu, que viajó a Italia, que regresó, que se retiró del Ejército y que murió a los 63 años. También sabemos que el hombre que dio forma a la empresa petrolera más grande del continente, y una de las más grandes del mundo, murió en el departamento comprado con un crédito del Banco Hipotecario que no alcanzó a terminar de pagar cuando la enfermedad se lo llevó.

Antes, lo convocó a Baigorri, con quien participó de una reunión con el Presidente Yrigoyen, y fue contratado. Se quedó viviendo en Buenos Aires, en una casa del barrio de Caballito, junto a su esposa y su hijo.

Baigorri trabajaba como técnico independiente desde que presuntamente se recibiera de ingeniero en Italia, en la Universidad de Milán. Había recorrido casi todo el mundo contratado para explorar los suelos en busca de agua subterránea, y su éxito fue lo que llamó la atención del Gobierno argentino.
Realizaba su trabajo con una máquina que él mismo había diseñado, que medía potenciales electromagnéticos en una época en que la electricidad era, además de invisible, la promesa de soluciones para todo; desde la salud mental a las comunicaciones de larga distancia. La máquina de Baigorri servía para encontrar tanto metales como cursos de agua.

El Gobierno no esperaba de él ninguna clase de revelación, sino el trabajo de un técnico en suelos. A nadie le importaba los aparatos de Baigorri, sino los resultados que producían.

La casa que ocupaba no le gustaba, principalmente porque, según su opinión, estaba en un lugar en el que la humedad le hacía mal a él y a su máquina.
Comenzó entonces a buscar una casa nueva.
El instante en que la necesidad de un nuevo domicilio se introduce en la historia es fundacional. Es a partir de ese momento cuando se puede considerar el comienzo de la historia de Baigorri.

Haciendo el viaje entre la Aduana y el barrio de Liniers en el tranvía 2, equipado con un altímetro y una libreta en la que anotaba los valores que registraba, encontró que entre el 10100 y el 10200 de la Avenida Rivadavia se encuentra el punto más alto de la ciudad.
Se bajó del tranvía y comenzó a recorrer el barrio de Villa Luro.
Se encontró satisfecho por las condiciones generales de la zona, y lo siguiente fue buscar una casa para alquilar o comprar. En la peluquería de Don Chicho le informaron de la existencia de una casa en alquiler o venta.
La encontró y se mudó ahí con su familia y su máquina, que ubicó en una pequeña habitación del fondo de la casa, en la esquina de la calles Ramón Falcón y Araujo, aunque algunos relatos prefieren que el laboratorio estaba en el atillo.
La casa ya no existe, y la intersección de las dos calles sigue siendo un lugar grato de Buenos Aires.

El barrio era, como hoy mismo, un lugar alejado del centro, un barrio arquetípico de la Capital Federal, con calles arboladas y casas sólidas, producto de la arquitectura y no solamente de la necesidad. Puerta de entrada y portones para los autos, una gran ventana a la calle que daba al living y a la terraza.
Algunas, las más antiguas, conservaban un pequeño jardín en la entrada.
No se había extendido el concepto de "puertas adentro", propio de la gran ciudad y de los fenómenos urbanos que vienen asociados. Faltaban varias décadas para que el departamento ganara la batalla urbana, y la idea de una casa con ventanas a la calle se convirtiera en impensable.

Eran casas en las que se bajaba la persiana para informar al mundo exterior que sus habitantes dormían, y en las que esa frontera de vidrio, que era la ventana del living sobre la calle, dibujaba los bordes del adentro y del afuera, de la vida pública y la vida privada.
Todos se conocían.

Con su mentalidad de ingeniero como guía, Baigorri encontró la casa perfecta en el lugar perfecto.

Podría viajar al centro con facilidad. Luego tendría auto. María Arminda, su mujer, que era maestra, podría ejercer cerca de la casa, y William tendría la escuela a dos cuadras. Así, en medio de sus experiencias, sus trabajos y la vida en general, pasaron los siguientes diez años de la vida de Baigorri, hasta que finalmente fue 1938.

La Guerra civil española asolaba el territorio español, y sus ecos llegaban con gran nitidez a la Argentina, donde el conflicto repercutía de muchas maneras, sobre todo, por la gran colonia de inmigrantes de esa nacionalidad que ya vivían en el país, quienes reprodujeron la división de su tierra natal, antes de que el triunfo del franquismo arrojara fuera de España otras olas de exiliados.

Los diarios seguían diariamente la evolución del conflicto, dedicando tapas y coberturas ilustradas con mapas y fotografías de esa guerra entre españoles, que para algunos era literatura, y para otros la amarga pesadilla de su tierra en llamas.

Pero Europa tenía más.

La designación de Adolf Hitler como Canciller Alemán, significaba el comienzo de un proceso de agresiones, conquistas y pactos que se convertiría en la Segunda Guerra Mundial. Ya se leía en algunos diarios las primeras leyes antisemitas, junto a los aprontes para la segunda gran guerra del siglo XX.

En la Argentina, mientras tanto, junto a la tragedia europea, los diarios se ocupaban del secuestro y desaparición en Córdoba, de una nena de seis años, Martha Ofelia Stutz, que nunca apareció.

Baigorri se agregó a ese barrio tranquilo, de clase media en el oeste de la ciudad, y desde la esquina de Araujo y Ramón Falcón se proyectaría a las tapas de los diarios, polemizaría con funcionarios, recibiría ofertas del exterior, sería famoso, sería nadie, sería viudo, sería despreciado por su hijo y partiría un día de marzo de 1972 hacia un hospital que ya no existe donde, como diría Borges, cumpliría con la cifra de los días que le fueron dados vivir.

Como para tantos hombres de la Mesopotamia argentina, los campos en el Uruguay eran una suerte de extensión natural de la pampa, dividida por un ambiguo borde administrativo que tenía la ventaja de considerar la existencia de otro país.
Con el requisito apenas bíblico de cruzar un río, era posible llegar a un lugar en el que se hablaba el mismo idioma, pero en el que las leyes y las autoridades eran otras.
A su manera, Horacio Quiroga y Borges supieron disfrutar de esa ventaja de la historia.

Baigorri fue contratado para realizar búsquedas de aguas subterráneas en el Uruguay, y entonces, trabajando en medio del campo, las consecuencias de su máquina no pudieron ocultarse, y él mismo no pudo sustraerse al fenómeno.

Hacía más de una década que incubaba la certeza de que su máquina era otra cosa.
Fueron años que comenzaron con sus trabajos en el Altiplano, y que luego trasladó silenciosamente a Buenos Aires, con la seguridad de haber alumbrado un descubrimiento.
Ya en la ciudad, realizaba experiencias en las que ponía a prueba la máquina y la teoría que hacía funcionar a la máquina, regulaba sus alcances, delimitaba la influencia de los elementos, fueron tiempos en los que la teoría se construyó a partir de la práctica.
Así lo contaba Baigorri:

> *Esto aconteció hace doce años. Cuando conectaba el mecanismo y éste entraba en función, se producían lluvias ligeras que me impedían trabajar, pues era muy confusa la red de ondas que se conjugaba en el aparato a causa del suelo mojado. Noté entonces que se infiltraba sobre el aparato una onda imposible de clasificar.*
>
> *Es necesario considerar que yo estaba trabajando en una de las regiones del mundo en donde menos llueve. Me llamó la atención el fenómeno, y consideré que muy bien esas pequeñas lluvias podían ser originadas por la congestión electromagnética que la irradiación de mi aparato produjera en la atmósfera. Y entonces abandoné toda labor fructífera desde el punto de vista económico, para dedicarme a estudiar este raro caso de electromagnetismo que no había sido estudiado por nadie hasta ahora, Modifiqué la constitución y potencia del mecanismo, combiné metales radioactivos, reforcé el poder de las substancias químicas. Realicé así muchas experiencias en secreto. Me alejé de la zona de los grandes ríos, busqué regiones secas. Y mis experiencias eran cada vez más concluyentes. Hasta que decidí pedir el apoyo de alguna institución. Es así que me dirigí a los directores del FCC Argentino.*

Ya habían pasado casi nueve años desde que el Ingeniero y General Enrique Mosconi lo tentara con el proyecto de la Empresa Petrolífera argentina, y otros tantos desde que comprendiera las consecuencias laterales de su invento.
Baigorri ya había descubierto con sus aparatos, por ejemplo, vestigios del Mesón de Hierro, un gigantesco meteorito metálico caído en medio del monte chaqueño, otra omisión de su historia.
La geología, de hecho, no es muy propicia para la conmemoración ni para el festejo.[1]

Era el momento de hacerlo saber.

Baigorri era un hombre esencialmente austero, para quien el dinero o la fortuna eran dimensiones de la existencia que no se correspondían con su destino. De hecho, personas con mucho menos para dar se enriquecieron a costa de la incredulidad, de la curiosidad o del egoísmo de los otros.

Guiado por la lógica de sus necesidades y sus expectativas, Baigorri fue en busca de un mecenas funcional a sus necesidades, de alguien que le proveyera lo que necesitaba sin más, en lugar de buscar patrocinios indirectos y una fama que no necesitaba.
Fue a ver al Director de los Ferrocarriles, pero el funcionario no lo recibió.
En su lugar, fue atendido por Mister Mac Rae, Gerente del Ferrocarril Central Argentino. El inglés, a pesar de la extrañeza del planteo, optó por concederle a Baigorri los pasajes que pedía y el beneficio de la duda.
No había pretensiones en la demanda del ingeniero; apenas que lo llevaran a una zona seca o castigada por la sequía.

Sería legítimo preguntarse por qué Baigorri recurrió al padrinazgo de los Ferrocarriles, o qué necesidad tenía, tanto él en lo personal, como el proyecto en si, de contar con esa clase de apoyo, que por otra parte, no era financiero.
Es probable (lo más probable) que Baigorri intuyera que la presentación pública de la máquina como una iniciativa propia lo pondría en un lugar de atracción circense que no tenía la menor intención de ocupar, o que quedaría ubicado frente al público (a la opinión pública) como un mercader, o sea, como alguien que pretendía vender una mercadería.
Antecedentes no faltaban, y aunque la circulación de la información fuera mucho más restringida y acotada que en la actualidad, es probable que Baigorri quisiera evitarse esa mirada.
Existe también, la posibilidad de que el pedido a los Ferrocarriles se basara en otras características, que estuviera pensando en el proyecto de hacer llover de manera casi excluyente, y en la manera de poder acceder a todos los lugares que él quisiera.
De hecho, en ese momento, las empresas de Ferrocarriles que operaban en la Argentina eran las únicas organizaciones que disponían, no solamente de acceso físico a las provincias más lejanas, sino de los profesionales y de los recursos para el desarrollo de proyectos como el que ocupaba a Baigorri y su máquina de hacer llover.

Los ferrocarriles fueron construidos por empresas inglesas, que los administraron hasta su controvertida nacionalización concretada el 13 de febrero de 1947.
Esas mismas empresas armaron y sostuvieron una burocracia tanto administrativa como técnica, que les permitía obtener información acerca de todo lo que ocurría en las zonas en las que operaban.
Pero su influencia no era solamente administrativa e informativa: también eran un actor protagónico de la economía de las zonas que comunicaban con sus ferrocarriles.[2]
Antes que los gobiernos provinciales, los ferrocarriles administrados por ingleses organizaron en cada línea, departamentos de "Fomento rural", áreas específicas que eran atendidas por ingenieros agrónomos, quienes aportaban (y en algunos casos administraban) conocimientos sobre agricultura, fundamentalmente.

Esas estructuras o departamentos fueron paulatinamente desactivadas, a medida que los gobiernos dispusieron de secretarías de agricultura, o de reparticiones que se ocuparan, del apoyo y del control del trabajo en el campo.

El inglés lo puso en viaje junto a un ingeniero agrónomo, Jefe de Fomento Rural del Ferrocarril Central, Hugo Miatello (h), como para que cualquier pretensión turística fuera descartada, y para que el desafío se cumpliera con el mayor de los rigores.
Miatello (h) se decidió por un campo ubicado en la provincia de Santiago del Estero.

Ni la elección de Miatello, ni la de la zona fueron azarosas.

El Ingeniero agrónomo Hugo Miatello (h) era Jefe de Fomento Rural del Ferrocarril desde el 1 de abril de 1919, cuando, de acuerdo con su legajo, ingresó a la empresa.
Antes, había trabajado diez años en el Ministerio de Agricultura de la Nación.
Nacido el 25 de julio de 1889 en Asunción, Paraguay, su ingreso a los Ferrocarriles le significó un aumento del 100% de sueldo, el beneficio de aspirar al escalafón de una empresa privada de las más grandes y sólidas del país en aquel momento, y la posibilidad de avanzar con el desarrollo de su carrera profesional.
No todo se cumplió.

Miatello, que no era un burócrata, se había dedicado muy especialmente a pensar y a proyectar el mecanismo para lograr el desarrollo de regiones desfavorecidas para la actividad agrícola.
Además de las cuestiones esencialmente técnicas, relacionadas con el tratamiento de los suelos, el riego, las semillas y la organización de los cultivos, tenía una perspectiva propia respecto del rol que la inmigración debería cumplir en la realización de su plan.
Consideraba, por ejemplo, que la provincia de Santiago del Estero, por su característica climática, era potencialmente la California argentina.
Sus ideas eran tomadas muy seriamente, y participaba como columnista de los principales medios gráficos del momento.
Cultor de lo que hoy llamaríamos perfil bajo, Miatello relacionaba su conocimiento técnico con su pensamiento político e histórico.
Recorrió toda la superficie nacional abarcada por el Ferrocarril, que en ese entonces era el país entero, y produjo una gran cantidad de bibliografía relacionada con el campo.
La parte central de la Argentina, a principio del siglo XX había sido objeto de la preocupación de quienes luego se convertirían en grandes latifundistas. Toda esa gigantesca extensión de tierra abarcada por el centro del país estaba ocupada parcialmente por aborígenes, que campaña tras campaña fueron diezmados y despojados.

El proyecto nacional suponía el aprovechamiento y la incorporación a la civilización de esos millones de hectáreas.
Las campañas militares produjeron la fundación de poblados en las nuevas jurisdicciones, y una vez que la campaña terminó, el campo quedó vacante.
Miatello fue un gran crítico de la ganadería, digamos espontánea, aquella práctica tradicional de criar ganado por no saber qué otra cosa hacer con la tierra.
Era un técnico con pensamiento político y social, y trabajar la tierra era sinónimo de construir un país.

Ese era el hombre que los Ferrocarriles pusieron junto a Baigorri.

Se trataba de alguien con opinión formada sobre el tema, y con un reconocimiento en el ambiente de su especialidad. Miatello era además, un nexo con la prensa, especialmente con los medios que, independientemente del éxito del proyecto, serían capaces de tomar el riesgo de hacerlo público, de comunicarlo. Probablemente ese otro rol no fuera ajeno a la empresa de ferrocarriles a la hora de elegirlo.

Colaboraba con revistas como Caras y Caretas,[3] donde dedicó notas con su firma a los trabajos de Baigorri, y tenía contacto con los medios afines, nacionales y del exterior.

El diario Crítica[4] fue el que se involucró medularmente con el tema. Los otros diarios, aunque no pudieron sustraerse de la corriente informativa, estaban dedicados a testimoniar los primeros escarceos de la segunda gran guerra y de las alternativas de la guerra civil española.

El espacio disponible para los temas generales o amarillos, se lo llevaba en forma excluyente el secuestro de la niña Marta Stutz.

Crítica tomó las experiencias de Baigorri y les dio la entidad de noticia y la cobertura que merecían un gran tema y una gran polémica. No se equivocó.

Décadas después del fallecimiento de Baigorri, quienes vivieron en primera persona esa época aún recuerdan los hechos.

No es una mera experiencia publicitaria, de las que miden la capacidad de recordar.

Es la comprobación de la profundidad con que las experiencias de Baigorri llegaron a instalarse en la memoria de una generación que es capaz de recordarlo antes que a hechos con mayor entidad periodística.

La elección de Miatello puso de manifiesto que, por un lado la empresa inglesa no estaba dispuesta a ser burlada, y por el otro, que si había algo aprovechable en la propuesta de Baigorri, ellos estarían en la primera línea de beneficiarios.

Puede inferirse que Baigorri fue tomado en serio.

Aunque la estrella de Miatello había comenzado a apagarse en 1934, cuando su Departamento fue subordinado al de Tráfico, el impacto de la reestructuración del Ferrocarril puede ser pensada, también, como parte del plan general de la compañía, que vislumbraba un porvenir escaso en la Argentina, tanto por la creación ya sugerida de las oficinas de agricultura en las provincias, como por el precoz florecimiento del peronismo.

Tampoco se equivocaron.

Miatello participó del lanzamiento de Baigorri, de su momento de auge y esplendor, y al año siguiente, en 1940, se jubiló voluntariamente cuando todavía no había cumplido ni la edad ni los años de servicio necesarios. [5]

El primer viaje

Pero antes, en noviembre de 1938 los dos ingenieros llegaron a Estación Pinto, en Santiago del Estero, desde donde Miatello (h) escribió a su jefe que al llegar, las condiciones meteorológicas del lugar eran las de siempre, que el cielo estaba despejado y el sol era fuerte, que Baigorri instaló dos antenas en la colonia "Los Milagros", propiedad del Sr. Juan Balbi y que a los pocos minutos el viento comenzó a cambiar. Agregó en el informe, que a la medianoche, ocho horas después de haber llegado, hubo una ligera tormenta de viento acompañada de un también ligero chaparrón.

En la edición del diario Crítica del 28 de diciembre de 1938, Baigorri relató ese primer experimento auditado por Miatello:

El mismo día, Baigorri remató la polémica aportando datos y comprometiendo a Miatello, que secretamente, daba cuenta a sus jefes de lo que estaba sucediendo, y de alguna manera, estaba alentando en silencio las experiencias.

El mismo 28 de diciembre de 1938 Baigorri agregó:

Un informe de Miatello (h), fechado el 25 de noviembre, reportó que a pesar de que lograron cambiar la dirección del viento, no alcanzó a producirse la lluvia por falta de potencia en la máquina.
Agregaba que el mismo viento de tormenta desconectó unos cables del equipo, y que a los pocos minutos la temperatura volvió a subir alejando la probabilidad de lluvia, pero que advertido del problema, Baigorri reconectó la máquina y el viento de tormenta comenzó a soplar nuevamente.

Con la comprobación realizada a medias, o sea con medio éxito y medio fracaso, los dos hombres comenzaron el viaje de regreso a Buenos Aires.

Baigorri parapetado en Miatello, no dudó en involucrarlo como testigo y garante de sus trabajos y de la eficacia aritmética de su procedimiento.
Al día siguiente, el 29 de diciembre afirmó:

No sabemos si Baigorri estaba al tanto de los reportes que Miatello enviaba a Buenos
Aires. Probablemente no lo estuviera.
Sin embargo, más atractivo resulta imaginar qué estaba ocurriendo en la mente del
agrónomo Jefe de Fomento Rural, que de manera repentina se encontraba en medio de
una experiencia polémica y que, a pesar de su propia incredulidad científica, estaba
funcionando.

En todos sus informes laborales, Miatello juzga y opina sin énfasis, aborda los temas y
realiza una descripción como monocromática, y esa ausencia de textura en sus palabras
impide –y evita- que el lector pueda adelantarse y pronosticar el rumbo de lo que
afirma. Ese modo de escribir convierte sus comentarios en un instrumento letal.
No es sencillo imaginar ahora, qué sentiría ese hombre cuando, por las noches, se
encontraba solo en su habitación de hotel en el norte argentino, sabiendo que en el
cuarto de al lado, estaban Baigorri y su máquina de hacer llover.

No es posible determinar qué pensaría, o el modo en que su imaginación le mostraba el
porvenir. Ese hombre de cabello escaso y engominado, que aparece fotografiado
siempre en un traje impecable, y luciendo un brazalete de luto (no sabemos por quién),
seguramente se miraría al espejo ya desvestido, y tendría más preguntas que respuestas.

Por su parte, Baigorri no había logrado la lluvia en la primera intentona, pero no se trató
de un fracaso, sino de un desajuste.
Era absolutamente conciente de qué era lo que debía modificar en aquella primera vez
que intentaba una lluvia en una superficie inmensa y castigada por la sequía.
Es evidente que desde la empresa de Ferrocarriles, y desde Miatello mismo, veían el
tema del mismo modo, porque no opusieron ninguna resistencia a las explicaciones de
Baigorri. Es más, lo alentaban a que llegara hasta el final, a que pudiera desplegar la
experiencia con total satisfacción, y que el resultado, cual fuere, sea claro y categórico.

Nada se sabe de la relación entre ellos, pero puede sospecharse que si bien no eran
amigos, el vínculo era cordial.
En una parada de ese regreso, los dos hombres se encontraron y pusieron a hablar con
otros dos hombres. Uno era el Senador radical por Santiago del Estero Juan B. Castro
(cuyo mandato había comenzado el 2 de mayo de 1938, pocos meses antes del
encuentro con Baigorri), y el otro era Francisco Pes, un obrajero de la misma provincia.

En medio de la conversación circunstancial, los dos santiagueños comentaron que de
donde venían, un paraje a 300 kilómetros del lugar de las experiencias de Baigorri, esos
días el viento había cambiado, y que repentinamente el clima volvió a estabilizarse,
como si alguien hubiera apagado una máquina de soplar. Todo dicho risueñamente
frente a la presencia de Miatello y Baigorri, que seguramente asintieron con un gesto de
pretendida extrañeza, mientras solapadamente cruzaban por lo menos una mirada
cómplice.
Baigorri estaría apresurando el festejo, la consagración que no podía reclamar a esos
hombres, y Miatello estaría preguntándose por su propio destino y por las consecuencias
de su presencia y participación en algo que, evidentemente, era extraordinario.
Después se despidieron.

A su llegada a Buenos Aires, Miatello (h) puso por escrito lo que Baigorri había decidido. Regresar a Santiago del Estero en diciembre de ese mismo año, con una versión de la máquina más potente, y de esa manera conseguir la lluvia.

Agregó que Baigorri era una muy buena compañía de viaje, y que tenía una gran habilidad para encontrar cursos de agua subterránea, lo cual aportaba un valor agregado a las tareas que estaban desarrollando, y a la promesa de ser los dueños del fenómeno.

Verbigracia

La experiencia y habilidad de Baigorri para encontrar aguas subterráneas, fue puesta a prueba por el Dr. Pio Montenegro, Gobernador de Santiago del Estero, quien lo invitó visitar y explorar un campo de su propiedad, abandonado por falta de agua, y donde Baigorri estableció la presencia de una corriente a 120 metros de profundidad, con un caudal de 4000 litros/hora.

A continuación lo llevaron al monte, donde se realizaban perforaciones petrolíferas, y Baigorri encontró agua cerca de la localidad de Ceres, en un recorrido que atravesaba el trazado del Ferrocarril Central (actual Mitre), por lo que la empresa se quedó con ese recurso indispensable para el funcionamiento de las locomotoras.

Aunque el plan de hacer llover en Santiago del Estero durante ese primer intento había sufrido un traspié, Baigorri quedaba en condiciones de reclamar un poco más de la confianza ofrecida por los Ferrocarriles, que independientemente de la lluvia y de la máquina de hacer llover, obtuvo un beneficio directo del trabajo de Baigorri.

El segundo viaje

El 22 de diciembre de 1938 Baigorri llegó a la Capital de Santiago del Estero por segunda vez.

Precedido por su fama, recibió el pedido de los organizadores del baile de fin de año de no hacer llover el 30, y el mismo pedido le formularon varios dueños de caballos de carrera, en el intento de que no se embarrara el hipódromo en víspera de la carrera más concurrida del año.

Sin embargo, Baigorri había llegado a la provincia con una misión.

Dos días y medio después de su llegada, una lluvia de 60 milímetros cayó sobre la ciudad. En la semana siguiente, todas las localidades aledañas registraron precipitaciones récord.

Baigorri mismo lo relató de la siguiente manera:

> *La primera lluvia que hice caer sobre Santiago del Estero fue el 23* (de diciembre de 1938) *a las 7:30 de la mañana. Los diarios, transcribiendo el pronóstico dado por la Dirección de Meteorología, consignaban lo siguiente el día jueves 22:*
> *Norte de Santa Fe, Corrientes, Misiones, Chaco, Formosa, Santiago del Estero, Tucumán, Salta y Catamarca, bueno y muy caluroso.*
> *Comencé yo a trabajar el día 20 a las 0:30 de la mañana. A las 55 horas, el 23 a las 7:30 de la mañana caía la primera lluvia. Debo hacer notar que el 22 a la noche ya estaba nublado. A las 122 horas y 45 minutos de trabajo, comenzó a llover torrencialmente. Llovió once horas consecutivas.*
> *Eso aconteció el 24 de diciembre a la noche.*

El día 24 hice caer una lluvia baja a mediodía. Pero a la noche, mientras las chicas se preparaban para ir a la fiesta del Tennis Club, sonaba el teléfono del hotel a cada rato pidiéndome que no hiciera llover. Pero yo ya había desatado los elementos atmosféricos. Y se mojó hasta el gobernador que estaba durmiendo afuera...

Baigorri y Miatello (h) regresaron a Buenos Aires después de Navidad.
Cuando el tren se detuvo en la estación Belgrano, correspondiente al barrio del mismo nombre en la ciudad de Buenos Aires, Esteban Baigorri –hermano del ingeniero- cargó la máquina en su Dodge y se la llevó, para aliviar el equipaje de los viajeros.
Aunque no lo sabían, una multitud los esperaba en la estación Retiro, y llevaron en andas a Baigorri hasta la Torre de los Ingleses (ubicada en la plaza frente a la estación). De ahí lo trasladaron en auto hasta las oficinas centrales del Ferrocarril, en la calle 25 de mayo y la actual Presidente Perón, que en aquel momento se llamaba Cangallo.

A su regreso, además de la gente en la estación, esperaban a Baigorri varias novedades. Por un lado, era una celebridad, producto de la sistemática publicación de sus trabajos, y por el otro, consecuencia de la misma fama, estaba en ciernes la polémica que lo convertiría en uno de los recuerdos más contradictorios de la memoria colectiva de la ciudad.
La tormenta perfecta se estaba gestando.

El regreso triunfal de Baigorri a Buenos Aires, el recibimiento, la aclamación, el voto de confianza de su mecenas y la llegada a los medios, fue también el inicio de una polémica que pondría a prueba tanto su templanza como la veracidad de su invento.

Desde el fondo de la polémica que desató su trabajo en el norte del país, y con el murmullo que aportaban los comentarios de sus vecinos, testigos involuntarios de su trabajo, se alzó también la voz del ingeniero Alfredo Galmarini, titular de la Dirección de Meteorología.
Era una batalla innecesaria que pudo evitarse incorporando a Baigorri al discurso oficial de la ciencia, que en las primeras décadas del siglo XX se impuso en la Argentina, y en el mundo en general, y que era propicio para experiencias como las que Baigorri realizaba.

Baigorri era perfectamente digerible por el sistema. Portaba todas las credenciales necesarias para incorporarse a la corriente de positivismo que bañaba la cultura de la época. Era ingeniero, se había formado en Europa, su padre era militar y amigo personal del General Roca, había sido invitado por el General Mosconi, su trabajo se basaba en una máquina, incorporaba conceptos como electricidad y radioactividad, y aunque todos esos pergaminos no pudieran probarse nunca, la sociedad de aquella época no reclamaba garantías de esa naturaleza.

Más adelante el país fue testigo de la llegada de personalidades como Ronald Richter y su promesa de generar energía nuclear, o de la Dra. Ana Aslan, que promocionaba su tratamiento contra el envejecimiento, y ninguno tuvo necesidad de acreditar los antecedentes puestos a consideración de la sociedad, más allá del rasgo exótico de provenir de lugares distantes, y de comportarse como gente de ciencia; en el sentido más estereotipado de la expresión.

Sin embargo, en el caso de Baigorri, la respuesta desde el Estado quedó en manos de un funcionario de grado menor, que tomó en sus manos la polémica como algo personal, y de esa manera la llevó adelante como si se tratara de una pendencia de arrabal.
La sociedad en su conjunto, se comportó como habitualmente lo hace, adoptando la forma de un teatro en el que los actores deben representar el parlamento de su promesa y luego, esperar el juicio que puede ser condenatorio o consagratorio, de acuerdo a la manera en que haya ocurrido la actuación, y a factores subjetivos como el carisma, que hoy son objeto de estudio, pero que siempre existieron.

Era la época en que la medicina se volvía más científica que nunca, donde la barrera ética de la ciencia había sido corrida para permitir que se probara todo, y en la que la confianza en la verdad absoluta del método tapaba la carencia de recursos que la justificaran. Faltaban varios años para que llegaran los primeros antibióticos. La higiene mental seguía siendo un concepto vigente, la segunda guerra mundial era inminente y faltaban pocos meses para que muriera Sigmund Freud.

Retomando el ejemplo de Ronald Richter, "el sabio Richter", cuyo caso se verá mejor comentado más adelante- la polémica que desató su promesa de lograr la generación de energía nuclear fue contrastada por la Academia. Los responsables del discurso científico, los hombres que integraban el sistema de producción de conocimiento fueron quienes alzaron su voz para desmentirlo.

Para el caso de Baigorri y la máquina de hacer llover, precedido por el éxito incuestionable de sus experiencias en Santiago del Estero, y avalado por la presencia de Miatello, y por su intermedio de la empresa de Ferrocarriles, los científicos oficiales se llamaron a silencio.

La voz más reputada en cuanto a meteorología, la del Dr. Martín Gil, se hizo escuchar en vísperas del duelo, consultado por el diario Pregón.

Martín Gil era una suerte de garante de la ciencia, cuya autoridad emanaba de su condición de hombre culto interesado en la comprensión y difusión de la ciencia positiva. Era un antecedente directo de los actuales epistemólogos.

Su actitud frente a lo que estaba por ocurrir es clara.

Expresa optimismo, juzga al fenómeno como creíble, considera favorablemente a los protagonistas y, tal vez lo más importante, no formula impugnaciones.

Gil prefiere que sean los hechos los que expresen la viabilidad de lo prometido por Baigorri, y en ese sentido es claro: repasa experiencias de otros países (aprovechando para mostrar que se encontraba al tanto del tema) y elige no especular.

Así hablaba Martín Gil:

> *Desde ya hace mucho tiempo se vienen realizando experiencias para provocar lluvias artificiales, recurriendo a descargas eléctricas, a procedimientos de repercusión como los cañoneos, a la formación de tormentas artificiales, etc. En los Estados Unidos de Norte América, por ejemplo, tales experimentos se han repetido con frecuencia, aun cuando no se ha llegado a efectos prácticos apreciables.*
> *Pero, teóricamente, es indudable que las lluvias artificiales no pueden ser negadas como posibles.*
>
> *(Baigorri y Galmarini) Para mi son hombres cuyos antecedentes excluyen cualquier suspicacia malintencionada. Por esto, y teniendo a mano todos los elementos de juicio necesarios para dar un fallo personal sobre un descubrimiento que podría ser de una trascendencia enorme, de ser cierto, prefiero no dar opiniones terminantes. Siempre hay tiempo para definirse sobre cuestiones científicas y hechos concretos, más todavía tratándose de casos como este. Pero pronto, cuando el Ingeniero Baigorri concrete más, tendré los medios para hacerlo.*

No hubo otras voces oficiales. Y recorriendo sus palabras se nota el cuidado y la experiencia en la tarea de hablar a propósito de temas urticantes, o si se quiere, polémicos. La elección de la palabra *público* para referirse a los habitantes de la ciudad de Buenos Aires, refuerza la idea de cómo era vista, desde el lugar de los hechos, la sociedad en su conjunto.

Gil, de alguna manera, encarnaba al *sentido común*, esa opinión racional fundada en su condición de hombre ilustrado y de bien.

Finalmente, nadie sabía lo que estaba por suceder, y todos los actores que se involucraban en el debate lo hacían desde su más absoluta subjetividad; esto debe quedar claro.

Lo interesante, si lo es, consiste en delinear o rescatar la manera en que se condujeron: las posiciones respecto de la capacidad de Baigorri, iban desde la más obtusa de las negaciones, a la euforia triunfalista de una manifestación frente a su casa de Villa Luro. Un dejo de acto de fe subyacía en las opiniones y juicios de cada actor del desafío.

Faltaban también varios años para que el peronismo llegara al poder en la Argentina y se creara el espacio para que se permitiera probarlo todo con la esperanza de poder pintarle la bandera nacional.

En esa coyuntura fue cuando el Director de Meteorología Alfredo Galmarini salió a desmentir a Baigorri.
El ataque era débil, y se basaba en la autoridad del Estado que es la ley, y no en lo que Baigorri hacia y decía hacer.
Lo hizo de la siguiente manera:

> *"Ante el conocimiento de los términos, de los alcances y de las proyecciones que se han querido atribuir a los pseudos experimentos de Santiago del Estero, realizados por una empresa particular y en razón del cargo que desempeño, me veo en la necesidad de declarar que dichas informaciones no constituyen solamente un atentado a la ciencia, sino también al mas elemental criterio. Por ello, la Dirección a mi cargo no está ya interesada en desvirtuar, con nociones técnico-científicas, el carácter de los experimentos y sus posibilidades. Yo creo que el comentario público por si solo es quien debe desvirtuar tanta imaginación tropical, al punto que estimo que los comunicados de referencia debieron aparecer en un día 28 de diciembre (día de los inocentes) por las razones conocidas.*

Galmarini remata su desmentida con una apelación al juicio crítico del público y, como si no alcanzara, se burla, tratando a los informes enviados desde Santiago del Estero de broma del día de los inocentes.
Finalmente, el Director Galmarini sostuvo que las lluvias habían sido pronosticadas.

Baigorri por su parte, optó por una defensa silenciosa, exhibiendo ante los periodistas que lo confrontaron con las declaraciones del funcionario, una página del diario santiagueño "El liberal", en el que constaba el pronóstico para la provincia:

> *"bueno y caluroso, con poco cambio de temperatura".*

Galmarini, empujado a una discusión imposible, respondió con una ironía:

> *"Según la panacea que se anuncia, ya no tendremos más desiertos y a este respecto, entiendo que los que han defendido este sistema, si lo han hecho con sinceridad se han quedado cortos en las proyecciones del invento, pues si con una cajita se ha conseguido hacer llover en una extensísima zona del país y haber provocado una perturbación meteorológica característica, que a las 9 del día 24 de diciembre la oficina Meteorológica la había registrado y reproducido en su carta sinóptica que llega a las manos del público, perturbaciones que tienen más de 1500 kms de longitud y que naciendo a la altura de Tierra del Fuego muere en el centro de Córdoba, pasando por Mar del Plata, deberíamos llegar a la conclusión de que aumentando la potencia*

del aparato y multiplicando en gran cantidad su número, podríamos llegar sin mayor esfuerzo mental al Diluvio Universal."

La imputación es, en realidad, la formulación de una pregunta y de una hipótesis, y en ningún momento se explica por qué la máquina de Baigorri es un fraude o debería serlo. El jefe de Meteorología habla desde su duda y desde su miedo, y Baigorri en la cresta de la ola preparaba su estocada final.

Los ingleses por su parte, no opinan igual que el ingeniero Galmarini, y por intermedio de Miatello, Baigorri fue entrevistado telefónicamente por periodistas ingleses.
Desde Estados Unidos llegó a Buenos Aires un ingeniero con el propósito de comprar el invento, a lo que Baigorri respondió que la máquina era para el exclusivo beneficio de la Argentina.
Baigorri es famoso. Es "el mago de Villa Luro", "el Júpiter moderno" y apodos del estilo. La gente se concentraba en la puerta de su casa para verlo salir, y solamente el Ingeniero Galmarini, Director de Meteorología, persistía en la vereda de enfrente.

Fue entonces cuando Baigorri arrojó el guante del duelo:

> *"Como respuesta a las censuras de mi procedimiento, regalo por intermedio de Crítica, una lluvia a Buenos Aires para el 3 de enero de 1939".*

La idea original era hacer llover el 31 de diciembre, pero le pareció mejor no estropear las fiestas de fin de año.
El desafiante regalo prometido por Baigorri se hizo público a través de los diarios Crítica y Noticias Gráficas. Ya no era una discusión entre dos; ahora toda la ciudad era testigo, y sería juez, de lo que era capaz de hacer la máquina.
Desatada la polémica, Martin Gil dijo lo suyo:

> *La expectativa creada por la declaración del Ingeniero Baigorri, y reafirmada por el técnico Miatello, sobre las tormentas y lluvias que el primero ha logrado por medio de ondas electromagnéticas y una combinación radioactiva especial, es explicable.*
> *Pues, de ser verdad lo que afirman, se habría logrado algo de valor inconmensurable. Pero, por ahora, no poseo los suficientes elementos para formular un juicio terminante sobre esa declaración. Prefiero mantener por unos días una actitud expectante, a la espera de mayores explicaciones por parte del señor Baigorri, y aguardar, asimismo, las nuevas experiencias que anuncia, tales como una lluvia artificial para el 3 de enero, con la que "obsequiará al público de Buenos Aires".*

Gil, desde una neutralidad impostada, prefirió esperar, pero en esa espera estaba negando autoridad a la impugnación de Galmarini, como si de alguna silenciosa manera, deseara el triunfo de Baigorri.

El 30 de Diciembre, a dos días de la lluvia prometida, Baigorri se entrevistó con el Ingeniero José Padilla, Ministro de Agricultura, acompañado por Miatello (h) de la empresa de Ferrocarriles.
El Ministro escuchó de Baigorri una explicación sobre el funcionamiento de la máquina, y lo despidió deseándole suerte con su promesa de hacer llover 48 horas después.

A la salida del encuentro, Baigorri compró un paraguas, y se lo envió al Ingeniero Galmarini, Director de Meteorología, acompañado por una tarjeta que decía: *"para que lo use el 3 de enero"*.

Se trató de un gesto inusual en Baigorri, cuya imagen pública era, no sólo muy cuidada, sino intencionalmente despojada de cualquier rasgo de *vedettismo*, de los que excitan la imaginación del público.
Sin embargo, al estilo de los momentos previos al encuentro de dos púgiles, Baigorri realizó ese gesto desafiante, que trascendió por la presencia y compañía de alguno de los hombres de prensa que seguían muy de cerca el desafío.
La conclusión se basa en dos hechos: el primero, que se trató de un acto pretendidamente privado, entre dos hombres que habían sido enfrentados por los medios, y el segundo, que la audaz maniobra publicitaria de Baigorri se convirtió, al día siguiente, en una viñeta de humor gráfico en la contratapa de *Crítica*. Era claro que no estaba solo.

Con el correr de los días, la incredulidad de Galmarini, la templanza de Baigorri y el desarrollo de los acontecimientos ofrecerían materia prima de sobra, tanto para el humor como para la crónica.

El 3 de enero era, en realidad, mañana.
El desenlace era cuestión de horas.

El fin de año de 1938 transcurrió con el mensaje del Presidente de la Nación, Roberto M. Ortiz, y con las noticias que llegaban de Europa, donde el comienzo de la Segunda Guerra Mundial era inminente.
La Guerra civil asolaba a España y era el argumento de todos los diarios, que titulaban y reproducían los acontecimientos con todo el detalle que les era posible.

Martha Ofelia Stutz seguía sin aparecer, lo cual no cambiaría nunca. La policía de Córdoba había detenido a una pareja acusada de haber participado del secuestro, y pocos días después, el hombre sería hospitalizado y moriría como consecuencia de las torturas sufridas durante su detención.

En la Argentina, estaba finalizando un año largo.
Habían sucedido muchas cosas, algunas históricas, y aunque muy pocos de esos acontecimientos serían relacionados con el momento en que tuvieron lugar, ocurrieron todos en un mismo año.
En febrero se suicidó Leopoldo Lugones.
Fue una muerte extraña para quien a lo largo de su vida intentó reunir la política, la acción y la literatura en una sola cosa, y no pudo lograrlo.
Sin embargo, independientemente del ícono autoritario en que se convirtió al final de su vida, el suicidio con que se despidió estaba relacionado con sus contradicciones más profundas, y con el discurso moral con que acompañó su imagen de estatua viviente.
Lugones quiso ser un prócer, o al menos ocupar un lugar público memorable, y a pesar de todos sus intentos por seducir a los nombres del poder, no lo consiguió.
Mientras dirigía la Biblioteca Nacional del Maestro, conoció a una mujer joven que logró atravesar la coraza de palabras detrás de la que se escondía el hombre.
Lugones ya había anunciado "la hora de la espada", su proclama totalitaria y anticipatoria, cuando sucumbió al amor.
Solo, contradictorio y amenazado por Polo, su propio hijo (jefe de policía, torturador, importador de la picana eléctrica, padre de Susana montonera y desaparecida, y suicida él también) Leopoldo Lugones fue a una isla del Tigre a envenenarse.

El miércoles 25 de mayo, es fecha patria, y para algunos porteños, lo es doblemente.
El Club River Plate inauguró su estadio propio, su cancha, con un partido amistoso contra Peñarol de Montevideo, que ganó 3 a 1.

El 10 de septiembre murió Aurelia Tizón.
Ahora es un nombre solamente conocido por estudiosos, historiadores o por quienes se jactan de su memoria.
Aurelia –Popota- como la llamaba su marido, pudo haber sido otra mujer, aunque quienes saben quién fue coinciden en que se trató de una personalidad que hizo mella en el alma de su esposo, catorce años mayor.
El hombre que quedaba solo cuando un cáncer de útero se la llevó, se estaba preparando para cambiar la historia del país.
Aurelia Tizón, la primera esposa de Juan Domingo Perón, es ahora un detalle historiográfico en la vida de quien fue tres veces Presidente y tres veces marido.
En aquel momento, nadie sospechaba lo que esos nombres significarían en el destino y en la historia de la Argentina.

Un poco después, en octubre del mismo 1938, Alfonsina Storni, se despidió.
Había nacido en la opulencia de una Europa que nunca conoció. Después su familia la trajo a una provincia argentina, donde triunfaron y fracasaron sistemáticamente, donde fue seducida y embarazada; llegó a la Capital solamente para hacerse invisible.
El diputado provincial y padre de su hijo la internó en el Hospital Pirovano para que fuera madre. Más tarde sería una de las tres poetas más reconocidas de América.
Fue una figura y una iconoclasta, y cuando la enfermedad la condenó tomó la decisión de irse.
Se fue primero a Mar del Plata, para estar cerca del mar. Alfonsina no se introdujo caminando. Alfonsina saltó desde el muelle del Club de mujeres, y dejó una señal en forma de zapato y el mar la devolvió a la madrugada.

Un año antes, en julio de 1937, tuvo lugar la primera transmisión de Radio del Estado, que luego sería Radio Nacional. También en 1937, Horacio Quiroga, miembro de una estirpe de suicidas, se envenenó en Buenos Aires, y un año después, en enero de 1939 Lisandro de La Torre se pegó el tiro que lo inmortalizó, junto a su dignidad.
Unos días antes de ese 6 de enero, Buenos Aires estaba pendiente del cielo.

El desafío había sido lanzado a finales de diciembre de 1938.
Baigorri no era un polemista ni un provocador. Todo lo contrario, pero la campaña de descrédito que el Ingeniero Galmarini, Director de la Oficina de Meteorología, había lanzado en su contra reclamaba una respuesta.
La experiencia en Santiago del Estero, donde logró hacer llover luego de más de un año de sequía era su carta de presentación.
Estaba convencido. Hubiera aceptado que se discutiera el método, que se le pidieran explicaciones, que se lo considerara, pero el descrédito gratuito le resultaba inaceptable, máxime, de parte de un burócrata.
La única ironía que se le conoció lo hizo famoso.

El Ingeniero Baigorri y la máquina de hacer llover ofrecen un ejemplo categórico de idiosincrasia criolla. Las antinomias, la polarización, la división en bandos son una suerte de hecho folclórico de la idiosincrasia porteña; especialmente.

Tanto en la historia argentina, como en el desarrollo de acontecimientos casi ordinarios, puede observarse la manera en que la opinión pública toma partido a favor o en contra. Raramente se encuentran posiciones terceras o indiferencia.

Monárquicos o republicanos, unitarios o federales, peronistas o antiperonistas, azules o colorados, de Florida o de Boedo son algunas de las divisiones en que se puede clasificar la pasión antinómica argentina, que se advierte muy claramente en el deporte, especialmente en el fútbol, y en temas que pueden ser tomados como periodísticos.

Tradicionalmente los porteños toman partido, y el caso de la máquina de hacer llover, no fue una excepción.
Observando el fenómeno desde diferentes perspectivas, el comentario público se clasificó en un primer momento, en *llovistas y antillovistas*, organizando las opiniones de quienes, por un lado, creyeron que las lluvias producidas en Santiago del Estero fueron realmente producidas por la máquina de Baigorri, al tiempo que dieron crédito a la promesa de que el ingeniero haría llover en la ciudad de Buenos Aires.

Del otro lado, quedaron los *antillovistas*, militantes de la opinión contraria, encabezados por el Ingeniero Galmarini.

Una segunda organización de las voces, trazaba la divisoria de una manera más humana, y si se quiere más deportiva, haciendo pasar el eje de la disputa por la persona misma de Baigorri.
Se hablaba en los diarios de *secos y mojados*, o de *Baigorristas* y *antibaigorristas*, o sea, de quienes independientemente de la máquina, de las experiencias, las promesas y de los resultados, juzgaban la persona del protagonista.

El tercer sistema comprendía las opiniones de otros dos grupos, que los diarios reflejaron como correspondientes *a los gordos* y a *los comerciantes*.
El grupo de *los gordos* encarnaba el deseo de que la lluvia efectivamente se produjera, permitiendo que las fiestas de fin de año de 1938 transcurrieran bajo techo, y por consiguiente, en torno de las mesas de las casas y de los restaurantes.
En la vereda de enfrente estaban *los comerciantes*, dueños y organizadores de eventos al aire libre, que vislumbraban el fracaso de su convite en el caso de que lloviera.
El embanderamiento tenía su motivo en los hechos de la Navidad, cuando Baigorri junto a Miatello arruinaron los festejos de la provincia de Santiago del Estero, desatando las protestas de los organizadores de bailes y de carreras de caballos, que llegaron a comunicarse con el ingeniero en un intento por lograr que la lluvia, necesaria y en ciernes se postergara.

Tanto el ingeniero como los periodistas, que fueron quienes fijaron la fecha, optaron por una salida orientada a la justicia y a la conveniencia.
Prefirieron que la lluvia fuera del 2 al 3 de enero, porque el 1 no habría diarios, y para no estropear las celebraciones.
El 29 de diciembre Baigorri lo explicó así:

> *Aquí las lluvias son más fáciles por la cercanía del río, por lo cual recién el día 30 a las diez de la mañana comenzaré a ponerlo en funciones. Imagínese si por un descuido anticipo la lluvia aguando las fiestas de fin de año y perjudicando a todos aquellos comerciantes que organizan reuniones al aire libre.*

Desde el comienzo de la experiencia en Buenos Aires, los diarios en general dedicaron aunque fuera un breve espacio para el tratamiento de las alternativas del desafío.
Crítica en especial, cubrió el desarrollo del acontecimiento desde el día 27 de diciembre, cuando el pronóstico oficial prometía tiempo bueno y caluroso, con el cielo despejado de los veranos porteños.
El día 30 de diciembre, precedido por el anuncio en el diario, Baigorri puso en funcionamiento la máquina, y al respecto declaró:

> *El problema de hacer funcionar el aparato no puede ser más simple, como Ustedes podrán haberlo advertido. Previa una revisión total del aparato y de la antena, conecto ambos y dejo actuar a las fuerzas electromagnéticas.*
>
> *Podría irme a pasear; pero tengo que estar un poco esclavo, por cuanto el aparato está en la actual circunstancia dosificado para una potencia extraordinaria; debo cuidarlo constantemente para que la lluvia no*

Independientemente del tono triunfalista y categórico, que recuerda a las experiencias
de Luis Pasteur, Baigorri alardeaba en el marco de la complicidad con el diario Crítica.
El diario, por su parte, no pudo (ni quiso) ocultar su parcialidad, pero a lo largo de los
días en los que realizó la cobertura, fue abriendo pequeños puntos de fuga que le
permitiera salir lo menos dañado posible en el caso de que Baigorri fracasara.
Se incluyeron pequeños recuadros alrededor de las extensas notas, con opiniones
neutrales, e incluso algunas contrarias, en un esfuerzo por presentar cierto grado de
objetividad y decoro, y evidentemente, para tener la posibilidad de sujetarse de alguna
de ellas si hubiese sido necesario.

No debe perderse de vista el hecho de que, a pesar de que Crítica ya era un diario
exitoso y masivo, era también el más popular, lo que implicaba que muchas de las
noticias que trataba fueran automáticamente descartadas por los medios tradicionales
como La Nación, La Razón o La Prensa, solamente para diferenciarse.
En esa lógica editorial, el apoyo a Baigorri privó al ingeniero de espacio en esos otros
diarios, pero a la vez, no obligaba a Crítica que, finalmente, era una empresa
periodística que vivía de la venta de sus ejemplares.

Las precauciones que tomó el diario se hacen evidentes en el siguiente fragmento,
donde prefirió recurrir al lenguaje periodístico para explicar lo que estaba sucediendo, y
a la vez, señalar la salida de emergencia.
Es claro que sus redactores optaron por escribir ellos mismos en lugar de transcribir las
explicaciones de Baigorri, que con intención desconocida, cada vez que hablaba
terminaba apelando e incluyendo conceptos difícilmente digeribles por un público
masivo como el de Crítica.
El 30 de diciembre, se publicó la siguiente crónica:

El día siguiente era el último del año 1938.
La experiencia se estaba desarrollando a pleno, y Baigorri ya había hecho todas las
salvedades técnicas.

Por su parte, desde el diario el tema estaba sólidamente difundido, y la expectativa se había instalado entre los porteños.

Baigorri, entonces, dio un paso más, y la emprendió contra la meteorología, pero de manera tangencial, evitando el choque de frente pero sin descuidar el flanco por donde podrían entrarle los golpes.

El 31 de diciembre dijo:

Es necesario advertir, o mejor dicho recordar , que yo inicié mis experiencias a las 10 horas de ayer, y que en ese momento el tiempo era absolutamente normal; nada hacía presagiar un cambio absoluto de la atmósfera a las pocas horas: el barómetro no marcaba absolutamente nada contingencial. A la hora después, el viento norte comenzó paulatinamente a desviarse para convertirse en viento noroeste, nos dice al iniciar su conversación el ingeniero Baigorri Velar. A las 17 y 30, es decir, a las 7 horas de experiencia, el barómetro marcaba 25 milímetros de diferencia bajo lo normal.

Se pudo notar anormalidades en la tarde de ayer. La luz parecía envuelta en un velo; había un viento raro que cambiaba a cada instante; la atmósfera se hacía, por momentos, irrespirable. Y toda la gente comentaba que nunca había sucedido cosa igual.

A pesar de eso, el cielo estaba claro, notándose apenas unas pequeñas nubes blancas que eran impulsadas por el viento con dirección de noroeste a suroeste. El calor se hacía cada vez más sofocante mientras se acercaba la noche.

El clima de feriado achataba la ciudad.

Después del mediodía del 1 de enero, el cielo comenzó a nublarse, y hacía calor.

Era calor húmedo que azota a Buenos Aires en verano, que de día empuja a la gente bajo las sombras, y de noche, convierte a todos los recursos en útiles e inútiles para aliviar las consecuencias de esa atmósfera húmeda y sofocante.

Además, empezó a lloviznar.

La lluvia se estaba anticipando. Por tratarse de un día feriado no había diarios, de manera que la aclaración vino el día 2 de enero, de la siguiente manera:

Tengo el temor de los centros ciclónicos.

Pero los fenómenos atmosféricos de anoche, no son otra cosa que la formación lenta pero congestiva de una precipitación pluvial. Ha sucedido idénticamente en Santiago del Estero, que cayó un chaparrón a las 8 horas y media, realizándose la lluvia auténtica a las 55 horas. La lluvia de anoche, después de las cinco de la mañana, se produjo a las 19 horas de haber puesto yo en función el aparato. Es necesario no olvidar que yo inicié mi experiencia con un tiempo absolutamente normal, sin que hubiese un preanuncio de cambio atmosférico alguno; todo Buenos Aires puede servirme de testigo de que a las 9 y 20 de la noche había un nubarrón espeso sobre mi casa, más precisamente sobre la antena. Y mi casa no tendrá seguramente, ninguna prerrogativa meteorológica sobre las demás de Buenos Aires.

Estamos, como podrá advertirse, nos dice, en la segunda etapa (de tres) de nuestra experiencia. La atmósfera se ha congestionado y yo pido disculpas a los habitantes de Buenos Aires por el estado atmosférico que les estoy haciendo soportar. Pero ya vendrá la lluvia bienhechora y descongestionadora, el aire se hará respirable y correrá el viento sur, fresco y polar.

Gallardamente, Baigorri se hace cargo del clima, pero simultáneamente, aprovecha el momento para argumentar a su favor, y lo que dice es incuestionable: el pronóstico indicaba tiempo bueno y cielo despejado, y la ciudad entera era su testigo.

Ya era día 2. En el curso de las próximas 24 horas debía llover, o seguir lloviendo, para que se cumpliera la promesa.

Crítica publicó lo siguiente:

> *Ayer el ingeniero Baigorri Velar reinició sus experiencias, poniendo en acción su extraño aparato alrededor de las 17 horas, y a pesar de que durante el día no hubo alteraciones atmosféricas, más tarde se produjeron reacciones inesperadas, y el cielo volvió a cubrirse de nubes amenazadoras.*
> *Fue en esa circunstancia que concurrimos una vez más al observatorio de la calle Araujo, sorprendiendo al mago en plena labor, e iniciamos un nuevo reportaje sobre su extraordinaria empresa y las últimas novedades registradas en las horas del día.*

En esa ocasión, Baigorri agregó:

> *Podrá haber una diferencia de horas, pero entre el 2 y el 3 de enero, tal como les he pronosticado, descargaré desde mi altillo de Villa Luro una lluvia torrencial sobre la Capital Federal.*

> *...Está trabajando* (la máquina) *desde las 17 horas, pero con poca intensidad. Recién después de la medianoche aumentaré su energía.*

Al día siguiente, Baigorri continuaba trabajando en su casa de Villa Luro.

Con la antena instalada en la terraza, desde el laboratorio iba poniendo a punto la potencia de la máquina y observando los resultados.

La ausencia de instrumentos que le permitieran obtener datos de las diferentes variables que se iban afectando, lo obligaban a mirar por la ventana para conocer el estado de la tarea.

Como lo había convenido con LR1 Radio El Mundo, regularmente llamaba para adelantar a la audiencia la evolución de la experiencia.

Sin delantal ni estereotipos a la usanza cinematográfica, Baigorri recibía a amigos, colaboradores y a Maitello (h) para discutir el estado de las cosas.

Era el segundo día de trabajo, y aunque permanecía dentro de los tiempos establecidos, Baigorri estaba atento a evitarse demoras.

En la madrugada del día 3 el plazo comenzaba a expirar.

A la hora de cenar, Arminda puso la mesa y comieron. Luego, Baigorri subió a revisar la instalación.

La máquina estaba funcionando bien. Miró por la ventana y unas nubes comenzaban a darse cita sobre el cielo de Buenos Aires. Una sonrisa ayudó a Baigorri a desabrocharse el cuello de la camisa. Sabía que la victoria era suya. Acarició la máquina, apagó la luz y se fue a dormir.

A media noche, se vistió, subió al laboratorio y miró por la ventana. Cuando la fe comenzaba a menguar, una llovizna fina comenzó a caer, pero no alcanzaba para ser la lluvia que había prometido a Buenos Aires.
Fue a la terraza, a verificar la instalación de la antena, y a ver que las conexiones eléctricas estuvieran en su lugar. La máquina estaba funcionando correctamente; apenas hizo un ajuste en la potencia, casi de manera mecánica; jugueteando digamos.
Apagó la luz, y volvió a la cama.
A las 5 de la mañana la lluvia se hizo más espesa, y un viento como de temporal reforzó la tormenta. Baigorri saltó de la cama. Las ventanas se golpeaban, y las cortinas volando iban a romper los adornos. Arminda sabía lo que estaba pasando, y William en silencio, vio pasar a su padre desde su cuarto como un remolino hacia el laboratorio.
No hizo falta abrir la ventana para mirar el cielo. Llovía a cántaros en medio de una tormenta de verano.

Baigorri se acercó a la máquina. Bajó un poco la intensidad, pero inmediatamente la volvió a subir. Todos debían mojarse. Luego puso la máquina a trabajar levemente, como para que la lluvia llegara a ser vista con la luz de la mañana del día 3.
Volvió a la cama, pero no durmió. Permaneció despierto y en silencio, escuchando cómo caía su lluvia, e imaginando cómo sería el día siguiente aunque ya lo sabía.
Arminda quiso abrazarlo, y él se dejó tener, pero ella tampoco podía sustraerse a la imagen y a lo que esa lluvia significaba.
A la mañana, Baigorri desayunó y apagó la máquina.

Fue un momento de éxtasis, el instante en que ocurrió el salto, fue el paso que lo instaló en la memoria colectiva.
Fue también la victoria, el triunfo materializado, como el atleta recibiendo su medalla.
Fueron esos segundos en los que el tiempo transcurrido, el esfuerzo, las horas, los días, los debates, las horas de encierro en un tren, las explicaciones a la gente cualquiera, todo eso junto, se convirtieron en una sola cosa.
Se convirtió en la tapa de un diario.

Alguien le avisó, claro, y Baigorri fue hasta el primer quiosco y lo compró.
El canillita no sabía quién era el hombre que, como tantos otros, estaba comprando el diario en cuya tapa aparecía impresa su victoria.
De todos modos, a *Crítica* le resultaba igual quien ganara.
En ambos casos el tema de la tapa era el mismo, cambiaba, solamente, el ganador, y todo lo que se decía a favor de uno se podía decir a favor del otro.

Claro que en el fondo, se esperaba que ganara Baigorri, más que nada por una cuestión de simpatía. Era un sentimiento entendible.
¿Quién no prefiere que gane el ángel, el silencioso? No se trataba de imponer una derrota, para nada, se trataba de un sentimiento casi infantil, de permitirse celebrar el triunfo de la felicidad, de poder sentir que una ráfaga de alegría recorre el cuerpo, de poder disfrutar de un sentimiento secreto, casi erótico, como el paso de una mujer hermosa.
Era el instante en el que la especulación quedaba suspendida hasta mañana, cuando se vería qué hacer con los laureles. Se trataba de un éxito casi cristiano, un triunfo total, sin perdedores ni vencidos, un hallazgo capaz de sosegar a miles de almas, de impartir sonrisas simultáneas como en el cine, de ser bueno, ser patriota y de ser mejor.
Después Baigorri dobló el diario, lo guardó y regresó a su casa.

Antes del mediodía, la gente espontáneamente se agolpó frente a la puerta de su casa en Villa Luro. Ya estaba consagrado en la primera plana: "*Como lo pronosticó Baigorri, hoy llovió*".

La promesa estaba cumplida.

El cumplimiento estricto de la promesa de Baigorri lo puso en el lugar de científico que
merecía. No solamente había devenido en ídolo, sino que sus trabajos comenzaron a ser
tomados más en serio que nunca.
Él, el ingeniero que había descubierto de manera accidental que su máquina hacía
llover, que lo había probado, que había enfrentado un desafío y salido victorioso,
comenzaba a recibir llamados y ofertas por su máquina.
Desde Inglaterra lo entrevistaron por teléfono para el diario The London Times.
Desde Estados Unidos vinieron a formularle propuestas comerciales.
El diario La Nación, que durante los días previos al desafío se había mantenido al
margen de la polémica, se permitió hacer un guiño al ingeniero, incluyendo en su tapa
del día 3 de enero el sugerente título "Tras fuerte calor comenzó a llover de
madrugada".
Baigorri, desde su casa en Villa Luro, atendía los requerimientos y se negaba, amparado
en el compromiso asumido con los Ferrocarriles, su mecenas, y en su férrea concepción
nacional, de hombre de su tierra.
Dijo a todos que no, que la máquina era Argentina.
No habría negocio con la lluvia. La máquina no era una mercadería.

Incluso, circulaba en su homenaje, una versión popular de la tradicional canción
infantil, cuya letra adaptada decía:

> *Que llueva, que llueva*
> *Baigorri está en la cueva*
> *Enciende el aparato*
> *Y llueve a cada rato*

Sin embargo, Baigorri no impostó un personaje. Su actitud recta y patriótica se vio
reforzada por el éxito. Aunque las ofertas se multiplicaron en cantidad y calidad, su
férrea vocación argentina lo encontró inconmovible. Se negó sistemáticamente a
cualquier clase de arreglo comercial.

El primer pedido de auxilio llegó un mes después de la lluvia que "obsequiara" a
Buenos Aires.
Fue convocado a la localidad de Carhué, en la Provincia de Buenos Aires.
Se trata de una pequeña localidad, fundada como parte del plan del Presidente Alsina
para extender la frontera en su lucha contra los indios, y uno de los hitos de la famosa
zanja. Tanto la localidad como el vecino lago salado llamado Epecuén, padecían una
severa sequía.
Baigorri se trasladó solo, y al llegar una multitud lo esperaba. Viajó hasta la sede de la
Municipalidad, donde el Secretario lo recibió y dudó de sus habilidades.
Otro desafío estaba en marcha.

Baigorri se ofendió, no era para menos.
Se encerró a trabajar, y el 7 de febrero de 1939 una tormenta cayó sobre la localidad.
Indignado por la incredulidad, Baigorri desató un diluvio que, además de producir el
desborde de la laguna, arrojó un rayo sobre el flamante reloj de la Plaza principal, como
a propósito.

El 13 de febrero, una semana después, un escribano labró el acta que certificó la cantidad de agua caída. Baigorri estaba en paz.

El Director de Meteorología Galmarini ya no lo acosaba, y dado que era su oponente más poderoso, Baigorri consideraba que la victoria le pertenecía, y decidido a no lucrar con el uso de la máquina, su estrella comenzó a menguar, opacada entre otras cosas, por la situación política en la Argentina y en el mundo, donde la Segunda Guerra Mundial comenzaba a desarrollarse.

Ese mismo 1939, la guerra llegaría hasta el Río de la Plata para asombro de los porteños, pero sobre todo, de los montevideanos.
Se trató de una batalla épica, tanto por las circunstancias como por haber tenido lugar a medio mundo del escenario central de aquella guerra de guerras.
Un barco militar alemán, el Admiral Graf Spee se acercó al Río de la Plata. Se trataba de un buque flamante, botado pocos años antes junto a otros dos idénticos, y cuya misión era, previsiblemente, hundir barcos enemigos por los mares del mundo.
Lo hizo. Hasta que fue localizado por tres barcos militares ingleses, con los que combatió.
El saldo de la batalla significó para los alemanes la necesidad de buscar un puerto, para reparar el barco, enterrar 56 marinos muertos, asistir heridos y desembarcar prisioneros.
Durante el funeral, el Comandante Langsdorf no usó el saludo nazi, porque no era nazi[6].

Descartaron Buenos Aires advertidos de la dificultad de navegación de los canales de acceso al puerto. Prescindieron también de la ciudad de Mar del Plata, porque consideraron muy chico su puerto. Optaron por Montevideo.

Llagaron el 14 de diciembre de 1939 y fueron autorizados a permanecer en el puerto durante tres días.
Finalizado el plazo, zarparon el 17 de ese mismo mes, pocos después de las seis de la tarde.

Quienes desde el puerto de Montevideo esperaban ser plateístas de un combate naval, vieron como el Graf Spee se internaba en el Río de la Plata seguido por un barco de transporte alemán, el Tacoma, que se encontraba refugiado en Uruguay desde poco tiempo antes y por otros motivos.
Llegados hasta el límite jurisdiccional de las aguas, apagaron los motores.

Aunque el público no lo sabía, una tripulación de cuarenta hombres llevaba la instrucción de destruir el acorazado.
Lo hicieron.
Primero destruyeron todos los elementos útiles, y luego dinamitaron la nave[7].
Refugiados en tres embarcaciones, los remolcadores "Coloso" y "Gigante" y en la lancha "Chiriguana" navegaron hasta Buenos Aires, donde los esperaban algunos camaradas, alojados en el Hotel de Inmigrantes, en la zona de Retiro, asistidos por miembros de la comunidad alemana de la Argentina.
Otros permanecieron en Uruguay.
Pocos días después, el 20 de diciembre, el Comandante Hans Langsdorf se envolvió en la bandera alemana y con su pistola reglamentaria se pegó un tiro en la cabeza.
Lo enterraron en el cementerio de la Chacarita, en la sección Alemana.

La Segunda Guerra Mundial estaba empezando. Argentina y Uruguay se declararon neutrales, pero la inocultable germanofilia argentina, hizo del país un refugio para funcionarios y oficiales nazis, que una vez terminada la guerra ingresaron a la Argentina en forma más o menos clandestina, apañados por las redes de fuga montadas en Europa, y recibidos por el gobierno nacional de aquel entonces.
Algunos consiguieron trabajo en el gobierno, como se verá más adelante. Otros en empresas alemanas y otros, simplemente se diluyeron en la sociedad de las ciudades que eligieron para rehacer su vida.

En las inmediaciones de Villa Ventana, localidad cercana a Sierra de la Ventana, en la Provincia de Buenos Aires, existe un museo que exhibe objetos y fotografías de aquellos marinos que, luego de su paso por el Hotel de Inmigrantes, fueron trasladados a un campamento, acompañados por oficiales del Ejército Argentino.
Puede verse en esas imágenes de soldados jóvenes jugando a la pelota, que estar ahí, en medio de la Pampa era una forma de suerte.
Incluso, el Gran Hotel de lujo, abandonado en medio del bosque, fue puesto a funcionar por los mecánicos del barco, para que sus calderas y talleres fueran útiles.

Casos como el de Adolf Eichmann, capturado en Buenos Aires por agentes de inteligencia israelí durante el gobierno del Dr. Arturo Frondizi, son un ejemplo del tipo de relación entre la Alemania de la post guerra y la Argentina.

Mientras tanto, convertido en celebridad por los medios periodísticos y por sus éxitos, Baigorri hacía llover.

Luego de su triunfo con la lluvia prometida a Buenos Aires, y de la ratificación con la tormenta batida sobre Caruhé, Baigorri se llamó a silencio, y tanto los medios como la realidad aceptaron su decisión.

Estimulado por su amigo Alfredo Cernadas, dueño de la estancia "La Delia", Baigorri comenzó a realizar trabajos de prospección de petróleo y aguas.
Recorrió las ciudades de Mar del Plata, Balcarce, Tandil, y Lobería, en fin, exploró todo el sur de la Provincia de Buenos Aires, valiéndose de sus aparatos de medición, y realizando un prolijo relevamiento y solicitando la aprobación reglamentaria ante la autoridad correspondiente, que era el Gobierno de la provincia de acuerdo con el Código de Minas.
El detalle administrativo no es menor, porque la tormenta política que se avecinaba sobre la Argentina tendría consecuencias sobre su trabajo.

En 1942, el Presidente Roberto Ortiz renunció por razones de salud, quedando el gobierno en manos del vicepresidente Ramón Castillo, que gobernaría casi un año, hasta su derrocamiento a manos del General Pedro Ramírez, depuesto por otro militar, Edelmiro Farell quien, entre otras cosas, tuvo como vicepresidente a Juan Domingo Peron.
Farell ocupó la primera magistratura entre 1944 y 1946, cuando la entregó a Peron, en su carácter de Presidente electo, tras vencer en las urnas a la fórmula Tamborín-Mosca.
En aquel convulsionado escenario político, en medio del cual la posición de la Argentina respecto de la guerra en Europa –finalizada el año anterior- tendría implicancias fundamentales en la política del Estado, Baigorri asistió impasible al reemplazo de todos los funcionarios, que sucesivamente instaló cada administración.

Consiguió, en medio de la tempestad institucional, que el Ministro de Obras Públicas lo recibiera.
Cuando le fue concedida la audiencia, el funcionario no sabía de qué le hablaba Baigorri, que intentaba averiguar el destino de los expedientes presentados, en los que solicitaba la autorización del Gobierno para llevar a cabo las perforaciones en los más de 120 puntos relevados, en los que suponía la existencia de agua o petróleo. Mientras recibía la promesa protocolar de que sus solicitudes serían rastreadas y resueltas, Baigorri detectó en un rincón del despacho ministerial una pila de carpetas, entre las que se encontraban las suyas.

El Ministro las aisló, y ahora con el trámite encaminado, Baigorri se retiró.
Dos días después, la zona explorada amorosamente fue declarada "zona fiscal de reserva".

Todo su esfuerzo había sido en vano.

Nuevamente precedido por su fama, Baigorri había conseguido despertar las suspicacias del Gobierno, que probablemente advertido del alto grado de probabilidad de estar frente a un hallazgo, optó por vedar las exploraciones mediante un gesto sordo que, finalmente, fue un nuevo reconocimiento de lo que era capaz el ingeniero.

El final de la Segunda guerra mundial y la llegada del peronismo al poder presagiaban una serie de cambios rotundos en el escenario de las ciencias y de la tecnología en particular. Comenzaba una época en la que todos los inventos y avances iban a ser volcados al consumo y a la vida civil en general, una época en que la industria bélica dejaría su lugar de gran impulsora y consumidora de conocimiento, para ocuparse del confort, desarrollando las "producciones masivas" de productos.

Sería también el momento en que las grandes potencias se repartirían el mundo, y junto con los nuevos territorios, vendría el reparto de cerebros.
La Argentina no iba a sustraerse de la tendencia, sobre todo, porque además del reparto, comenzaría la época en que las cadenas de conspiradores se encargarían de reciclar a aquellos que trabajaron para el régimen derrotado, pero aunque sin responsabilidad política directa, no estaban en condiciones de aparecer públicamente.
Los países del Tercer Mundo serían el lugar de refugio o de fuga para muchos de ellos, y Argentina participó de ese circuito, que haría posible la llegada al país de criminales, delatores, genios y mentirosos.
Llegaría, por ejemplo "el Sabio Richter", para protagonizar una de las historias de fraude científico más próxima a la ficción que el mundo recuerde.

Mientras tanto, Baigorri hacía llover.

El magnetismo animal puede existir sin ser necesariamente útil,
pero no puede ser útil si no existe.
(Conclusión del informe elaborado por Benjamín Franklin y Lavoisier acerca del mesmerismo.[8])

Desde que las solicitudes de permiso para perforar en el sur de la Provincia de Buenos Aires le fueran negadas, Baigorri se llamó a silencio.

El hecho de que esas tierras hayan sido reservadas para el Estado, incluso en medio de la turbulencia política de ese entonces, era un indicador de que la habilidad de Baigorri estaba presente en la inteligencia de la época.

No hay a quien responsabilizar por la negativa que obtuvo, como tampoco hay nadie que sea responsable de lo que estaba por venir.

A finales de 1951, el Ministro de Asuntos Técnicos del gobierno del General Perón, Ingeniero Raúl Mendé, nombró a Baigorri Asesor técnico del Ministerio a su cargo, fijándole un sueldo.

Baigorri persistió en su actitud de no negociar su invento de ninguna manera, y aceptó el cargo, pero ad honorem.

De alguna manera, la figura del ingeniero fue rescatada una década después de su momento consagratorio.

Baigorri no se exponía públicamente y no tenía ninguna militancia política reconocida.

Así, de la nada, esa misma inteligencia lo rescataba del ostracismo para incorporarlo al gobierno, y para encargarle una serie de misiones más o menos secretas.

El gobierno confiaba en sus habilidades, pero no sería presentado al público ni procesado por la enorme maquinaria informativa y propagandística de la época.

La primera misión tuvo lugar en enero de 1951. Fue enviado a la localidad de Caucete, en la Provincia de San Juan, donde no llovía desde hacía ocho años.

En el pueblo, que había sido devastado por un feroz terremoto en 1944, Baigorri produjo tres lluvias, aclarando luego, que tuvo que trabajar con gran cuidado, debido, entre otras cosas, a la cantidad de edificaciones que permanecían apuntaladas desde el terremoto, como la Iglesia y el Hotel Derby.

Luego del éxito en San Juan, el gobierno le encargó la segunda misión.

Fue destinado a la provincia de Córdoba.

El 21 de noviembre desató una tormenta que produjo consecuencias lamentables, pues vino acompañada de un tornado.

En la misma provincia, al mes siguiente, en diciembre, casi produjo el desborde del dique San Roque, luego de que lloviera a torrencialmente durante los días 23 y 28 especialmente.

En 1952, al año siguiente, la Secretaría de Aeronáutica a cargo del Vice Comodoro Rodríguez Leopardo le encomendó una misión en la provincia de La Pampa, donde la sequía azotaba la tierra.

El hecho de que la tercera misión le fuera encomendada por una de las Fuerzas Armadas, evidencia que la disponibilidad de sus servicios, y esencialmente su eficacia, circulaba por el poder en general.

Baigorri se trasladó a la zona y logró 2160 mm de precipitación.

Finalizada la tarea en La Pampa, Baigorri regresó a Buenos Aires a la espera de su próxima tarea.
Con el correr de las semanas la ansiedad fue creciendo, hasta decidirlo por tomar la iniciativa de escribir al Ministro.
El 6 de noviembre de 1952, Baigorri firmó una carta dirigida al funcionario en la que, luego de repasar sus éxitos en San Juan, Córdoba y La Pampa, y de recordar que todo el trabajo había sido realizado ad honorem, esperaba que desde el Gobierno Nacional le hicieran saber qué pensaban, pero sobre todo, si pensaban avalarlo, con todo lo que ese tipo de respaldo significaba.

La respuesta quedó en manos de un funcionario de segunda línea, Tomás Vottero, Subsecretario de Asuntos Técnicos, quien escribió:

> *"...A los efectos de lo solicitado y a fin de considerar su invento, es imprescindible que Ud. remita un informe detallado sobre las bases técnico-científicas del mismo."*

No había más nada que hablar. El Gobierno quería saber cómo funcionaba la máquina y Baigorri no quería decirlo. Era la segunda y última vez que un gobierno argentino le haría una propuesta, y la respuesta de Baigorri sería siempre la misma.

Desde aquel momento, se llamó a silencio.
Su estrella se apagó y se impuso un retiro casi monástico. Dejó de aparecer en los medios, limitó sus viajes, y se dedicó a la lectura y la reflexión.

Baigorri quizás ignoraba (seguramente ignoraba) que junto a sus solicitudes, estaba a la firma del Ministro y del Presidente Perón el cierre definitivo de los laboratorios de la Isla Huemul, y su Director el "Sabio Ronald Richter", pasaría junto con su proyecto al olvido.

La aventura de Richter había comenzado el 16 de agosto de 1948, cuando llegó a Buenos Aires de la mano de Willy Kurt Tank, un ingeniero aeronáutico alemán que a finales de 1947 arribó a su vez a Buenos Aires con el alias de Prof. K. Mathies.
Era un especialista en el diseño de aviones militares en la Alemania nazi, y desde el principio del gobierno de Perón trabajaba en la Provincia de Córdoba liderando el equipo de desarrollo del avión militar argentino Pulqui, con muy buenos resultados.

Tank seguía vinculado a los científicos y técnicos que, después del final de la Guerra, quedaron huérfanos de trabajo en Europa.
Sabía, por ejemplo, que en Londres existía un hotel en el que se alojaban muchos de ellos, en su mayoría alemanes y austriacos.
De esa cantera extrajo a Richter, que era austríaco, y cuya especialidad era la física.
Lo contactó y lo trajo a Buenos Aires, donde una semana después de su llegada, arregló una entrevista con el Presidente Perón, privilegio que Baigorri no tuvo.

En el encuentro, Richter explicó al Presidente que estaba en condiciones de desarrollar una tecnología capaz de lograr energía nuclear sin necesidad de una explosión, fenómeno que la humanidad acababa de experimentar en ocasión del ataque norteamericano a las ciudades japonesas de Hiroshima y Nagasaki.

El discurso pacifista de Richter, la posibilidad de ingresar al mundo nuclear y el hecho de que no fuera necesario hacer explotar nada, fueron suficientes para que Perón apadrinara el proyecto sin condiciones.
La mirada comprensiva de Tank, y el aval de su éxito en el campo del desarrollo aeronáutico sellaron la decisión.
Richter viajó a Córdoba, a la localidad de Villa Carlos Paz, donde se alojó junto a su esposa durante cuatro meses en la casa de Tank, para comenzar con sus trabajos.

Parte de la tarea que desarrolló, consistió en recorrer todo el país en busca del mejor lugar para la instalación de su laboratorio nuclear.
Finalmente sobrevolando la Patagonia lo encontró. Se trataba de una pequeña isla frente a la ciudad de Bariloche; la Isla Huemul.

Así lo explicó Ronald Richter, en una entrevista.

> *"Cuando vi la isla Huemul me di cuenta de que era el lugar ideal, por tres razones. Primero, por la abundancia de agua pura y fresca, útil para enfriar los reactores; segundo, porque no había polvillo que perjudicara el instrumental, y tercero, porque una isla es el mejor lugar para guardar un secreto",*

El decreto número 20.500, del 21 de julio de 1949 creaba el "Centro Huemul", dirigido por Richter.
No solamente se puso en sus manos la dirección. Richter exigió comunicación directa con el Presidente, que ningún organismo oficial interfiriera con su trabajo, custodia militar en la isla y fondos casi ilimitados. Todo le fue concedido.

Mientras tanto, Baiogorri hacía llover.

Desde la fundación del Instituto, comenzaron las construcciones secretas, los rumores, la condena de la comunidad científica local y las sospechas.
Pasaron de esa manera 2 años.

Finalmente se produjo el siguiente anuncio:

> *"El 16 de febrero de 1951, en la planta piloto de energía atómica en la isla Huemul, de San Carlos de Bariloche, se llevaron a cabo reacciones termonucleares bajo condiciones de control en escala técnica".*

El 24 de marzo, unos días después, en conferencia de prensa, Perón difundió la noticia, sacudiendo a la comunidad científica internacional y a la nacional también.

Sin embargo, la creciente presión de la comunidad científica, forzó al gobierno a la creación de una comisión técnica que fue encabezada por el Dr. José Balseiro, quien al igual que los demás físicos que la integraron, elevó un informe lapidario respecto de las supuestas experiencias nucleares.

En noviembre de 1952 el laboratorio de la isla Huemul fue clausurado[9].

Naturalmente, inmerso en ese contexto de escándalos científicos, Baigorri no tenía chance de que el Gobierno Nacional lo avalara.
En un mismo año no había espacio político para correr los riesgos de otro papelón frente a la opinión pública, máxime cuando la economía comenzaba a declinar, entre otras cosas, por el apoyo de los Estados Unidos a la reconstrucción europea, o Plan Marshall.
Eran los tiempos en los que comenzaban los ahorros forzosos, y en los que, por ejemplo, se comía solamente pan negro.
Durante el mes de junio de ese mismo año, el gobierno había sufrido otro duro golpe, con el fallecimiento de Eva Duarte de Perón, Evita.

Una escueta esquela había dado por finalizado el intento de Baigorri por obtener el reconocimiento que esperaba merecer, y ante la negativa obtenida volvió nuevamente a la oscuridad. Faltaban tres años para que una revolución derrocara al Presidente Perón, pero eso a Baigorri no lo afectaba[10].

En 1965, diez años después del golpe de estado que derrocó al Presidente Perón, y dos desde que los azules y los colorados se enfrentaran, Baigorri fue entrevistado por Guillermo Stewart Vargas, agregado comercial del Uruguay en la Argentina.
El diplomático esperaba que Baigorri, quien ya era conocido en el país vecino, (era mucho más que eso, según se verá más adelante) los ayudara a luchar contra una sequía que padecían.
Por alguna secreta razón, el pedido de asistencia se cursó a través de la Dirección de Meteorología. Quizás por tratarse de un pedido oficial, y tal vez para evitar un disgusto diplomático.
Los funcionarios argentinos desacreditaron a Baigorri, y el diplomático uruguayo se lo hizo saber, por lo que el trabajo no se hizo.

Aunque su vitalidad permanecía intacta, el efecto de los años era evidente.
En 1966, había enviudado, y a pesar de que esa clase de datos no eran públicos, no puede desmerecerse el hecho de que, finalmente, estaba solo.

En noviembre de 1967, la agencia de noticias ANSA dio cuenta de un ofrecimiento gratuito para terminar con la sequía que castigaba algunas zonas de Chile, que Baigorri realizó a ese Gobierno por intermedio de su embajada en Buenos Aires.
La oferta fue cursada a las autoridades chilenas, que exigieron una serie de garantías que Baigorri no estaba en condiciones de ofrecer. Tuvieron que esperar a que la sequía terminara sola.

En 1970 Baigorri viajó al Uruguay a combatir una sequía que había hecho bajar el nivel de agua de la represa hidroeléctrica instalada sobre el Río Negro de ese país. De acuerdo con el reporte de la agencia de noticias United Press, el ingeniero firmó un contrato con la Empresa Usinas y Teléfonos del Estado (UTE) para la producir una lluvia no inferior a los 200 mm.
El 1 de mayo de 1970, Baigorri comenzó los trabajos, y para el día 9 de ese mismo mes ya habían llovido 280 mm, normalizándose la generación de electricidad de esa usina.
El contrato, por un valor de 350.000 pesos de ese momento (unos 1.400 dólares de la época) sería noticia por una demanda iniciada por Baigorri contra quienes lo contrataron y se negaron a pagar sus honorarios.

Eran las apariciones del último Baigorri, que ya era un hombre mayor.
El público que lo había aclamado en su momento consagratorio, era ahora la feligresía de alimentadores de palomas en las plazas, y los profesionales de las bochas en pantuflas.
Baigorri, de saco y corbata, daba entrevistas a quien se la solicitara, sin saber que faltaba un año para su partida.

No se sabe cómo era realmente la máquina de hacer llover.
En realidad sí se sabe, pero de manera incompleta.
Se sabe qué forma tenía, su tamaño y algunas otras características.
La historia de la máquina está estrechamente ligada a la historia de su creador, y acerca de ambos hay más dudas que certezas.

En el comienzo de esa otra historia, cuyo protagonista es la máquina, Baigorri viajó a Milán, Italia, después de haber terminado el colegio secundario. Dijo haber finalizado sus estudios de geofísica en 1913, a los 21 años, y haberse dedicado luego a recorrer el mundo con su diploma y sus habilidades.
La creación de la máquina es parte de otra serie de creaciones destinada a su labor en la búsqueda y detección de minerales y de agua.

En declaraciones periodísticas, Baigorri se jactaba de haber construido y perfeccionado varios instrumentos, que utilizaba como su arsenal de recursos profesionales, y sin otra intención que la originaria. No se reconocía a sí mismo como inventor ni como técnico, e insistía en forma sistemática en que las futuras aplicaciones que encontraría su trabajo fueron absolutamente involuntarias.
Dijo Baigorri:

> *Es así que basado en los aparatos antiguos construí otros nuevos más eficaces en que corregí los defectos y traté de aumentar los valores de captación.*
> *De este modo ideé uno exclusivamente mío para la captación de las ondas magnéticas que irradian los metales desde el seno de los yacimientos de las montañas.*

No se sabe qué otros dispositivos ideó. Solamente se encuentra referencia a un aparato capaz de interferir hasta la anulación, las ondas radiofónicas presentes en una ciudad.
La mención es lateral, pasa casi inadvertida en medio de una entrevista que le hicieron cuando se desarrollaba la experiencia de la lluvia prometida en Buenos Aires.
El periodista visitó a Baigorri en su laboratorio, y mientras lo interrogaba acerca del avance de la tarea, le preguntó por un manojo de cables que subían o bajaban a la terraza, a lo que Baigorri respondió:

> *"es un eliminador de ondas de radio...Este es otro invento mío, que puede funcionar independientemente, y mediante el cual podrían llegar a paralizarse todas las ondas de radio que se desee".*

Sin siquiera una foto, es muy difícil entender a qué se refería. El discurso científico de Baigorri era, digamos, poco claro No se llega nunca a saber si en sus declaraciones estaba la intención de confundir, de ocultar o simplemente trataba de dar cuenta de un fenómeno que creía controlar y que no era capaz de dotar de una explicación concreta.

Era 1938, y hacía pocos años que la radiofonía existía. En general, todos los fenómenos de transmisión de datos sin cables estaban irremediablemente cubiertos de una pátina de misterio, y quienes se dedicaban a ellos, quedaban automáticamente cubiertos por la misma sensación.

Los adultos de esa época habían llegado a presenciar la instalación de las redes de electricidad, e incluso el teléfono fue una de las novedades que la tecnología trajo a sus vidas.
Los contemporáneos, por nuestra parte, podremos jactarnos de haber visto la llegada de la computadora y del teléfono celular.

La máquina de hacer llover nunca existió, porque Baigorri construyó otra cosa.

Construyó un medidor de potenciales electromagnéticos, que le permitía saber qué había debajo del suelo y a qué profundidad.

Aparentemente, la calidad de su invento le significó un prestigio profesional en el campo de la geofísica, que lo llevó a viajar por el mundo contratado por diferentes empresas. Trabajó en Europa, en Asia y en África, y durante ese itinerario de varios años nunca se habló de lluvias.

El ingreso de la máquina a la Argentina de la mano de su creador, es tan oscuro como su historia personal.
Baigorri mismo es quien introdujo datos contradictorios en esa parte del relato de su vida. Por ejemplo, durante una entrevista le contó a un periodista, que:

> *"En enero de 1929 regresé a mi Patria, después de haber estudiado y trabajado en cada uno de estos países (*Rusia, Francia, Bélgica, Estados Unidos, México, Colombia, Perú, Chile) *junto a hombres eminentes en materia de ciencia, y después de haber escuchado las lecciones autorizadas de grandes maestros, que fueron mis amigos"*.

El punto es que en 1929 su hijo William Baigorri tenía cuatro años de edad, y en el relato de aquel regreso no constan ni el matrimonio ni ese nacimiento, que tuvo lugar en Valparaíso, Chile.
Sabemos ahora que, al menos la cuestión conyugal merecía un discreto silencio.
Además, Baigorri hablaba de su regreso a la Patria, omitiendo nuevamente (lo que sería una constante) un dato significativo acerca de su nacionalidad.

Ese año fue el último de la diáspora supuestamente iniciada en 1909, cuando con 17 años, Baigorri cuenta que partió a Italia después de terminar el colegio secundario.

Se instaló en Buenos Aires, eso es claro, y los siguientes nueve años, hasta 1938 son la piedra filosofal del enigma.
Una versión sostiene que fue invitado a regresar al país por el General Mosconi, quien organizó un encuentro con el Presidente Yrigoyen.

La reunión tuvo lugar en la casa de Gobierno. Baigorri se quejó de que el Presidente era aburrido, y que felizmente no habló durante el encuentro.
Mosconi, que acababa de fundar YPF, le ofreció ser parte de la empresa, y le pidió que aportara su conocimiento y sus máquinas.
Haya o no ocurrido esa reunión, sería la primera de una serie de negativas de Baigorri por entregar o compartir sus herramientas.

Sin embargo, en YPF no hay constancia de su participación en la empresa ni mucho menos de su relación con el Ingeniero y General Mosconi, lo cual no significa que no haya sido real.
Bien pudo haber sido contratado, o haber participado de alguna forma en las tareas de exploración que se llevaban a cabo en esa época en diferentes lugares del país, máxime si se considera que varios yacimientos, los del norte principalmente, ya habían sido descubiertos y estaban siendo explotados por empresas norteamericanas, como la Standard Oil.
Como fuera que haya sido el tipo de contrato, Baigorri efectivamente recorrió con fines profesionales el norte argentino y parte de Bolivia, y es ahí cuando la historia de la máquina comienza.

Si se intentara armar el mosaico de datos aportados, resultaría que los trabajos de exploración, en cuyo transcurso Baigorri descubrió las capacidades de su aparato, tuvieron lugar antes de 1929, fecha aportada como la del regreso a la Argentina.
El descubrimiento puede datarse en 1926, en Bolivia, porque Baigorri insiste en sus declaraciones de 1938 que:

> *"cierta vez, trabajando en Bolivia, noté que el aparato acusaba variaciones muy curiosas".*

Cuando, en otra ocasión, se le pidieron más precisiones, agregó:

> *Fue el resultado de ciertas observaciones realizadas mientras utilizaba un aparato radiomagnético. Advertí que mientras estaba trabajando en la búsqueda de petróleo o agua, se cruzaba por mi aparato una onda desconocida, a la que yo llamo "onda criolla". Esta era una onda electromagnética que corría de norte a sur. Quise buscar esta onda en cualquier latitud, pero no la encontré orientándome por el meridiano de Greenwich, sino que la situé dentro del meridiano de Keops, aquel que pasaba por la célebre pirámide...*

La combinación de monumentos egipcios y latitudes en el discurso de Baigorri no debe ser causa de alarma. A pesar de que algunas de sus afirmaciones no son fácilmente digeribles por la ciencia actual, tienen una explicación en su contexto.

A mediados del siglo XIX se hizo evidente la necesidad de unificar las longitudes y la hora a nivel mundial. Hasta ese momento, se utilizaban diferentes meridianos para referenciar la navegación y la hora, como los de Amsterdam, Copenhague, Greenwich, Lisboa, Nápoles, París y Río de Janeiro.
En 1883, durante la Conferencia Geodésica de Roma, se adoptó al de Greenwich (que pasa por el lente del Observatorio de esa ciudad) como primer meridiano.
Otras propuestas fueron el meridiano de Jerusalén o el de la Gran Pirámide de Keops. Este último, ofrecía varias ventajas. Una de ellas es que la pirámide se encuentra en un punto que divide en dos partes iguales la superficie habitable del globo hacia el este y al oeste.

La conclusión surgió de la prolongación de las mediciones realizadas por los expertos de Napoleón Bonaparte (que además descubrieron la Piedra Roseta, que permitió traducir la escritura jeroglífica, y también ensayaban la puntería de sus cañones contra las efigies).

La derivación de los descubrimientos geométricos, matemáticos y físicos hechos en las pirámides tuvieron distintas vertientes, algunas de tipo científico, relacionadas con la ingeniería y la astronomía, y otras decididamente místicas.

En el caso de la afirmación de Baigorri, no es sencillo determinar cuál suscribía, o si acaso, ambas le resultaban viables.
El hecho de que explicara la detección y localización de una onda electromagnética por su relación con los meridianos terrestres (cualquiera de ellos) introduce un factor de confusión insalvable.

Más adelante volverá a relacionar a los minerales con valores que corresponden a la navegación, como lo evidencia el siguiente párrafo, extraído del diario Crítica del 28 de diciembre de 1938:

> *... En ese aparato de captación electromagnética, cada metal está acusado por lo que podríamos llamar su plano aximutal.*
> *Es decir, cada metal tiene su rumbo de orientación. De este modo se puede verificar la existencia de todos y cada uno de ellos. Así, por ejemplo, el cobre tiene un rumbo electromagnético norte, en tanto que la plata tiene un rumbo sur. De ese mismo modo, se puede comprobar que el petróleo tiene rumbo norte menos 8 grados. Mi labor no puede ser más concreta: localizaba la existencia de metales y también de agua y petróleo mediante aparatos científicos exclusivamente míos...*

Es imposible determinar si estaba hablando de algo en lo que creía, si se trataba de una manera de confundir al público mezclando "palabras difíciles", o si teorizaba en voz alta en su intento de explicar algo que sucedía pero que no sabía muy bien cómo ni por qué.

Por su parte, el destino de María Arminda y de William durante aquellos años debe presumirse.
O lo acompañaban o lo esperaban en algún lugar, que bien pudo haber sido Buenos Aires.

Baigorri no patentó sus máquinas, no esperaba de ellas más que le permitieran trabajar. Más tarde diría que, conciente de las cualidades del invento, no lo patentó para evitar tener que revelar el mecanismo.
Él mismo lo explicó del siguiente modo:

> *No quiero sacar patente porque sería necesario describir mi aparato: además, necesitaría sacar patente universal, No tengo miedo de que me lo roben por cuanto los cuerpos químicos que utilizo aun cuando sean analizados no darían ningún resultado. Basta que yo abra el aparato para que ya se produzca el caos entre todas las sustancias radioactivas que hay dentro; solamente yo puedo manejarlo.*

Independientemente de los elementos de misterio que introdujo en la explicación, el argumento de fondo es consistente. Para obtener la patente debería entregar toda la

información técnica, y además, correr el riesgo de ser copiado en el exterior, en una época en que la propiedad intelectual a niveles internacionales no existía.
En otra ocasión iría más lejos refiriéndose al mismo tema de la patente y de los planos de la máquina. Respondiendo a preguntas sobre el tema, dijo:

No guardo un solo apunte, un solo croquis de mi máquina nos responde. Todo está acá, nos dice, señalándose la frente. Mañana mismo podrían destruirme el aparato sin causarme ningún perjuicio. Por otro lado, si me lo robaran, no harían nada con ello. El solo hecho de abrir la caja que contiene los elementos radioactivos y electromagnéticos, produciría un caos tal en las ondas a captarse, que es muy posible que de inmediato se produjeran violentos fenómenos meteorológicos, como ya me pasó a mi una vez en mi laboratorio.

Después agregó al referirse a los materiales con que funciona la máquina:

Algunos de ellos son el producto de largos análisis e investigaciones, otros son traídos de Europa y modificados por mi. Pero, vuelvo a repetirles, nada podría sacar en limpio quien me robara el aparato: yo tengo el secreto, y el secreto está en mí.

A diferencia de otras personalidades, él no se consideraba un inventor, sino un técnico que se valía de sus herramientas de diseño propio, y como tal, no estaba en condiciones ni de entregarlas ni de explicarlas. Eran suyas y las usaba para su trabajo.
La certeza de que la máquina hacía llover fue accidental, y cuando estuvo seguro de ese poder fue en busca del apoyo de la empresa de Ferrocarriles.

El día en que regresó de la entrevista con los directivos del Ferrocarril se fue a su casa. La máquina dormía en un placard.

Con la solemnidad con que se lo caracterizaba, seguramente Baigorri volvió a subir al tranvía 2 y a recorrer la Avenida Rivadavia desde su nacimiento en Plaza de Mayo hasta Villa Luro. Se habrá bajado, habrá cruzado la Avenida Rivadavia y caminado una cuadra por Araujo hasta Ramón Falcón.
Habrá prestado atención al cruce de esa calle posterior, que sin embargo es tan ancha como la Avenida, y enseguida habrá llegado hasta su puerta, que estaba apenas en la esquina.
Habrá entrado a su casa, dejado su sombrero y saludado a María Arminda. William tal vez estuviera en silencio como de costumbre.
Probablemente subió al altillo, que era su verdadero domicilio, y mientras recorría sus cosas, abriera el ropero en el que guardaba la máquina.

Ahí estaba, inerte.

Una caja de madera del tamaño de un televisor de 21 pulgadas, cerrada y con las iniciales BV (correspondientes a sus apellidos Baigorri Velar) grabados en la tapa.

Adentro, unos recipientes para líquidos y algunas perillas.
Con una de ellas, se podía regular la potencia que entregaba, que se aplicaba a no se sabe qué.

Otra de las perillas, la más elocuente, es la que permitía el cambio de circuito entre el A y el B, que servia para provocar tormentas o simplemente lluvias.
Una antena metálica, como un pararrayos, se conectaba mediante dos cables a la máquina, que estando cerrada, podía transportarse con dos manijas ubicadas a los costados, también previstas por Baigorri.

La máquina no se conectaba a nada.
No tenía ni un indicador de potencia ni un amperímetro.
La caja, concebida en Italia, había viajado por medio mundo, y finalmente estaba ahí, en el placard de la casa de Baigorri en Villa Luro, esperando provocar la fama y la lluvia.
Baigorri la miraba con afecto. No sabemos qué pensaba.

Después, probablemente se puso a leer.

Anatomía de la cosa

Baigorri describía mejor cómo funcionaba la máquina que los motivos o causas de su funcionamiento. Ignoramos si se trataba de una estrategia o de una carencia.
Lo que es una certeza, es la rotunda negativa a contar el contenido, a revelar el alma.
En ese momento, voluntariamente y de manera explícita, se excusaba afirmando que no estaba dispuesto a revelar la combinación de sustancias que utilizaba, ni mucho menos sus nombres.
Dijo textualmente:

> *"No podría decirle más que se trata de una combinación de cinco metales radioactivos fortificados en su acción por el aditamento de sustancias químicas. Desde hace doce años estoy trabajando en ello, y mi invento es el resultado de largos desvelos y fatigas".*

Frente a la insistencia de las preguntas, agregaría que algunas sustancias le llegaban de Europa, en lo que probablemente haya sido un giro glamoroso en la explicación, destinado a proveerse del prestigio de la moda y a profundizar el misterio. La Europa a la que se refería era la de la inminente segunda guerra mundial, la fuente de ciencia y tecnología del mundo.

Edificando una tormenta

A su manera, Baigorri daba cuenta de las diferentes instancias del proceso, comenzando por el origen de la máquina, que fuera concebida y perfeccionada como medidor de potenciales electromagnéticos.
Ya había explicado que se trataba de una combinación de sustancias que, interactuando entre ellas en determinadas dosis, permitían la captación de una onda, que llamó "onda criolla".
También se había explayado acerca del secreto de las cantidades, y había brindado una suerte de teoría acerca de la naturaleza electromagnética de los minerales.
De acuerdo a la metodología científica, era el momento de comunicar los pasos recorridos en la experiencia, que deben ser siempre los mismos.
Dijo Baigorri:

(La máquina)*Necesita simplemente de una antena para captar las ondas atmosféricas. Estas ondas vienen a incidir sobre las sustancias químicas y radioactivas. Entonces se produce la selección, quedando "la onda criolla" separada de las otras, Y se produce una compresión atmosférica. El aparato debe funcionar alrededor de cincuenta horas para que el fenómeno de precipitación se produzca.*

(El aparato) *Está graduado al milímetro: cada milímetro de acción magnética corresponde a un radio de un milímetro. El aparato que ahora poseo es 1350 milímetros de fuerza; de tal modo que puedo hacer llover en una extensión de otros tantos kilómetros de circunferencia.* (En el subrayado, probablemente deba decir kilómetros donde dice milímetros, entre otras deficiencias debidas quizás a que es una transcripción de apuntes que realizó el periodista, y no una grabación)

El comentario respecto del alcance de la máquina es el primero que realizó, y sirve entre otras cosas, para comprender mejor qué fue lo que sucedió en ocasión del primer viaje a Santiago del Estero. Lo explicó así:

Durante la experiencia en Pinto, Santiago del Estero, se amontonaban tormentas durante la noche, cargándose el cielo de grandes nubarrones, pero sin conseguir que se produjeran las lluvias; era necesaria mayor potencia en el aparato. Pero durante cinco días de funcionamiento el viento del Este triunfó sobre el del Norte.

En esa oportunidad, Baigorri no logró la lluvia que deseaba, que fue lograda en el segundo viaje, luego de que modificara la máquina, tal como lo advirtió en ese momento.
Resulta evidente que Miatello entendió a qué se refería el ingeniero, y lo apoyó.
Baigorri debía regresar a su laboratorio, donde podría realizar una nueva combinación de las sustancias, de manera que la potencia de captación hiciera posible la lluvia en una superficie tan extensa como era aquella en la que se encontraba.

Como ya lo había dado a entender, pero no de forma explícita, la máquina funcionaba por la acción de las sustancias que contenía, y no necesitaba de una fuente de energía, argumento que sería utilizado en su contra, y que a su vez, Baigorri replicaría.
En sus propias palabras:

Debo agregar –nos dice el Ingeniero Baigorri- que la antena de dos polos, negativo y positivo, es tan poderosa que actúa por simple contigüidad. Para impedir su acción en los momentos en que no trabajo, debo hacer cortocircuito en pedazo de zinc. La máquina es tan sensible que atrae la lluvia por sí misma, no estando en funcionamiento total.

El comentario, plagado de anacronismos y alguna obviedad, (como explicar que los dos polos son uno positivo y el otro negativo), son el preámbulo a una descripción más detallada, que terminará estableciendo el desarrollo de tres fases o etapas en la producción de la lluvia.
En referencia a lo experimentado en Santiago del Estero, cuando su trabajo fue testimoniado por Hugo Miatello, de los Ferrocarriles, Baigorri dijo:

*Se observó de inmediato que el viento norte, cálido y sofocante, que socava en
la tierra arrancando de raíces los cultivos, cuando fue batido totalmente por
el viento del Este, el cual pudo hacerse dueño de la atmósfera, después de la
previa ofensiva iniciada por el electromagnetismo provocado por los metales
radioactivos en contacto con las ondas captadas por la antena.*
*Ahora bien, la meteorología clásica no discute ya que un cambio no significa
otra cosa que un cambio de dirección de los vientos, y, por consiguiente,
mudanza de temperatura y en el grado de humedad de las masas aéreas
transportadas. Esto se produce también, por ejemplo, cuando en la zona norte
los vientos del Pacífico han conseguido pasar la cordillera, baten al viento
norte y en la zona sur cuando invaden los vientos provenientes del Atlántico.*

Estaba describiendo la primera etapa, consistente en el cambio del viento, a lo que
Baigorri asignaba una importancia crítica, tanto como prueba del correcto
funcionamiento de la máquina, como su carácter de factor determinante de las
condiciones meteorológicas. En ese sentido agregaba:

*No es necesario que yo diga entonces, por lo sabido, que el viento no es otra
cosa que aire en movimiento; en este movimiento de traslación el viento
arrastra su humedad o su sequedad, su calor. Esta sería la razón de la
inestabilidad del clima de parte de nuestro país, abierto a las masas polares
que soplan cuando los vientos tropicales son batidos.*

De modo que luego de caracterizar el viento, era indispensable cambiarlo, y esa era una
las virtudes de la máquina.
Naturalmente la afirmación es extraña, pero también es incompleta.
A la primera fase, le siguen dos más, que Baigorri explicó en vísperas del desenlace del
desafío de hacer llover sobre Buenos Aires.
Interrogado acerca del desarrollo de la experiencia, dijo:

*A una hora de enchufar la antena que capta las ondas, la acumulación de
nubes puede observarse ya.*

*Puedo decir que es una especie de bombardeo electromagnetismo (SIC) sobre
el equilibrio de las capas atmosféricas, las cuales se anarquizan. Producido
esto hay una congestión de las capas húmedas hasta precipitarse fluvialmente.
La primea etapa del proceso produce el cambio de la dirección de los vientos;
la segunda genera la lluvia.*

Quedaba aclarado el proceso. Primero cambia el viento, luego –producto de la segunda
etapa- se nubla el cielo.
La tercera fase es la lluvia misma.
Todo es fácil –decía- después de que ha sido descubierto.

Impugnaciones y pronósticos

Resulta obvio anticipar que, a pesar de la evidencia de los resultados obtenidos cada vez
que se lo propuso, existía un contradiscurso, en el que se inscribieron quienes no creían
en la máquina, en Baigorri, en sus explicaciones o en todo junto.

El hecho es que, con independencia de la manera sinuosa con que se explicaba lo que
sucedía al conectar la máquina, la lluvia se producía, lo cual dejaba a los detractores en
un lugar incómodo, como el de quien no cree en un truco de magia, pero no puede
explicarlo
La resistencia más fuerte, venía desde quienes afirmaban que el Ingeniero era,
simplemente, capaz de realizar un mejor pronóstico meteorológico.
Se trataba de una descalificación a medias, en tanto que impugnaba el procedimiento,
pero no alcanzaba a negar sus resultados.
A la pregunta de si sus lluvias eran pronosticables, Baigorri les respondió de la siguiente
manera:

> *Es claro: como que mi experiencia produce un recambio de la atmósfera que
> cualquier meteorólogo puede captar con sus aparatos. Pero la ventaja mía,
> está en que yo puedo anunciar con un mes de anticipación que el día tal haré
> llover sobre tal o cual región.*

Su lógica es simple e implacable. En tiempos en los que no existían los satélites
meteorológicos, Baigorri afirmaba (los místicos dirían que prometía) una lluvia con
fecha fija, independientemente del plazo de tiempo y de las condiciones generales, tal
como había sucedido en Santiago del Estero, y mucho después, en Córdoba, San Juan y
La Pampa. O sea, que su procedimiento no observaba las condiciones climáticas para
predecirlas, sino que afirmaba que era capaz de cambiarlas.
Además, la meteorología oficial no se extendía en su pronóstico más de 24 horas, el que
a pesar de su ambigüedad y proximidad en el tiempo, se publicaba diariamente y con
lujo de detalles en todos los diarios.
Baigorri y sus objetores hablaban de cosas distintas.
Su comentario, previo a la lluvia desatada sobre Buenos Aires, cargado de cierta dosis
de enojo, por lo malintencionado e inexacto, resulta elocuente.
Denuncia a los pronosticadores, a la vez que exhibe la inversión de la lógica:

> *Advierto a ustedes —nos dice sonriendo-* (hablando al periodista que lo
> entrevista) *que si aun no he revolucionado el cielo porteño, ya he tenido la
> virtud de producir un caos en el sistema de pronosticar el tiempo.*
>
> *Antes se pronosticaba de un día para el otro; ayer he mirado con sorpresa
> que los diarios en su sección meteorológica se aventuran a pronosticar hasta
> el día 3 de enero próximo. Es realmente insólito, como dicen los italianos.
> Ellos anuncian lo que yo prometí hacer con una anterioridad de tres días.*
>
> *Recordarán ustedes que en el despacho del ingeniero Hugo Miatello, el día
> martes 27, por la mañana, yo hice la solemne promesa de hacer llover del día
> 2 al 3. Tres días después apareció el pronóstico oficial de que lloverá ese día.
> Lo más curioso del caso es que nunca antes de ahora se hacían pronósticos
> con tanta anticipación; siempre era de un día para otro. Los pronósticos
> aparecidos ayer dicen textualmente lo siguiente: "Hay probabilidades de que
> se produzcan lluvias aisladas dentro de los límites de la región agrícola
> ganadera entre el 30 y el 31, y quizás también entre el 2 y el 3 del entrante.
> Habrá probablemente vientos variables".
> Es demasiada casualidad que el pronóstico) esté dado con la misma frase con
> que yo prometí la lluvia entre el 2 y el 3.*

Por otro lado, estaban quienes lo impugnaban desde una tribuna más dura, más técnica, intentando abordarlo con otra clase de argumentos.
Una de las oposiciones más tenaces, llegó desde quienes afirmaban que una máquina de tan escaso tamaño no podría ser capaz de alterar las condiciones electromagnéticas de la atmósfera.
Baigorri les respondió así:

> *...la de que está impulsado por una fuerza eléctrica insignificante; esto es exacto, como ustedes mismo lo podrán notar...*
>
> *Mis detractores afirman que con esa energía no es posible movilizar discrecionalmente las grandes masas atmosféricas, olvidando que el pararrayo, por ejemplo, que no es más que un simple pedacito de alambre, polariza descargas tremendas y las conduce donde quiere*

Una vez más, Baigorri daba muestras de un ingenio y una lógica que transcurrían por canales diferentes a las de sus detractores, que ensayaban diferentes tipos de explicaciones, en el intento de negar científicamente un fenómeno que tampoco se lograba afirmar
Y sin embargo, hacía llover.

El apellido Baigorri es muy frecuente en la Argentina, y se lo encuentra generosamente distribuido por todo el país.
Significa "río colorado" en lengua vasca. En el caso del ingeniero, en ocasiones aparece inexplicablemente mencionado como Baigorri Velar.
El segundo apellido tiene el mismo origen que el primero y significa "hierbas".
Existe registro de la llegada a la Argentina de tres familias Baigorri; la primera en 1653. La segunda en 1924 y la tercera unos años antes.
Se sabe –y se observa- que hubo otros arribos de otros Baigorri a la Argentina.

Uno de ellos fue Dalmacio Velez Baigorri, quien se casó con Doña Rosa Sarsfield y Palacios, y de cuya unión nacería Dalmacio Velez Sarsfield quien a lo largo de su vida, entre otras cosas, protagonizó dos casamientos con dos primas.
De todos sus hijos, la más notoria fue Aurelia Vélez, que además de ser una mujer bella tenía una excepcional formación intelectual.
Aurelia sobresalía por ser una mujer adelantada a su época, y también fue noticia por un comentado romance con Domingo Faustino Sarmiento, con quien la familia Vélez mantuvo un fuerte vínculo y fue uno de los pocos amigos de Dalmacio[11].

Por su parte, la historia personal de Baigorri es un enigma. Esa es la definición más precisa.
No es solamente la historia de un hombre poco conocido, o acaso olvidado. Es una construcción colectiva en la que se fueron introduciendo datos, y que con distintos grados de inocencia (y de culpabilidad) fue reproducida hasta convertirla en verdad, o al menos eso fue lo que se intentó.
Es el procedimiento habitual de las falacias.
Los motivos de esa tergiversación son desconocidos.

Con la complicidad del tiempo, que afecta a los recuerdos de extraña y diferente manera, la historia del hombre Juan Baigorri se convirtió en una cadena de acontecimientos y de lugares que nunca fueron, dejando la puerta entreabierta, para que quienes quisieran recorrer el camino de la verdad pudieran entrar, enterarse y conocerla.

Existe una suerte de discurso oficial acerca de la vida de Baigorri, que comienza con un lugar de nacimiento, la profesión de su padre, un colegio y una mudanza.
Son datos que se repiten de manera casi automática, y que pertenecen todos a una época, antes y después de la cual no hay nada.
Es como una conjura, en virtud de la que todos quienes escribieran una página acerca de Baigorri se hubieran comprometido a decir lo mismo, y casi de la misma manera.
Después existen imprecisiones, dudas, y finalmente su lugar de descanso también aparece equivocado.
Ahora sabemos que todo eso no fue así.

Juan Pedro Baigorri nació el 4 de enero de 1892 en San José, Uruguay, a la una y media de la tarde en su domicilio, que era el de sus padres.
Contradiciendo a todas las versiones escritas, el acta de nacimiento número 9, firmada por Juan Pérez, juez de Paz de San José y refrendada por los señores Eduardo López, de

profesión comisionista, y Alejandro Fernández, de profesión barbero, en su calidad de testigos, no deja lugar a ninguna ambigüedad. Mucho menos a dudas.
El recién nacido recibió los nombres de sus abuelos: el materno Juan, y el paterno Pedro y se llamó Juan Pedro Baigorri.
Puede afirmarse con respaldo documental que Baigorri era uruguayo.
Su padre, Mateo Baigorri, tenía 28 años y su madre Luisa Bertol 26, y también eran orientales.

Hay más.
Los Baigorri eran efectivamente vascos. Vascos franceses. Pedro Baigorri, abuelo paterno del mago de Villa Luro, había nacido en Francia, y tenía 47 años cuando nació el nieto que nos ocupa. Declaró ser alpargatero y esposo de Juana Maria Monremo, de 45 años, francesa, ama de casa, ambos domiciliados en Montevideo.

Los abuelos maternos de Baigorri eran Juan Bertol, argentino de 60 años, domiciliado en Buenos Aires, y su esposa uruguaya Josefa Chomisño de 54 años quien vivía con su marido en la capital argentina.

La elocuencia de los datos que surgen de su acta de nacimiento, choca bruscamente con la historia oficial de Baigorri, en la que es contado como nacido en Concepción del Uruguay, provincia de Entre Ríos, y contra la actitud del mismo Baigorri que nunca rectificó esa afirmación y que, es más, cuando años más tarde quisieron comprarle la máquina, se negó en nombre del beneficio de los argentinos.
Por alguna secreta razón, Baigorri no estaba interesado en que se supiera que era uruguayo, y entonces, pasó a integrar el listado de "rioplatenses", categoría de pertenencia dudosa que abarca a los uruguayos que obtuvieron reconocimiento en Argentina, como Horacio Quiroga y Julio Sosa, para evitar la polémica acerca de Carlos Gardel, que finalmente era francés.

En diciembre de 1938, mientras ocurría su ascenso a la fama, luego de su éxito luchando contra la sequía en Santiago del Estero, el diario Crítica se ocupó de él.
La cobertura tuvo que ver con el desafío de hacer llover sobre Buenos Aires en una fecha fija, y como parte de esa cobertura se dedicaron al ingeniero muchas páginas.
Ahí se encuentra la fuente testimonial más abundante acerca de la vida de Baigorri, y también, el nacimiento del mito que él mismo construyó, entregando datos falsos sobre su vida, que a lo largo del tiempo fueron reproducidos hasta convertirse en ciertos.
En diciembre de 1938 Baigorri declaró al diario Crítica ser entrerriano.
La infidencia es parte de una entrevista a la usanza de ese tiempo, en el que la inexistencia de grabadores hacía imposible transcribir en forma textual las palabras.
El reportaje fue redactado, llevado a la prosa, convertido en una pequeña pero eficiente narración, cuyo contenido se adjudica a Baigorri en primera persona.
Baigorri dijo:
"Nací en Concepción del Uruguay, provincia de Entre Ríos, en el año 1891",

Ahora sabemos que ambos datos son falsos: su nacimiento no fue ni en el lugar ni en el año señalados.

Se trató de una de las escasas menciones a su vida privada, y el punto de partida para preguntarse por qué se estaba inventando una biografía apócrifa, por qué decidió ocultar sus datos verdaderos.

Es evidente, además, que en su propósito de darse una historia, contaba con la complicidad, o por lo menos la anuencia, del diario Crítica.
La cobertura del episodio de la lluvia provocada sobre Buenos Aires, y el consiguiente desafío a las autoridades de Meteorología, fundamentalmente a su Director, el Ingeniero Galmarini, había comenzado una semana antes.

El mundo asistía estupefacto al desarrollo de la Guerra Civil Española y a los primeros escarceos de la Segunda Guerra Mundial, y a pesar de la relevancia de esos acontecimientos, el diario le dedicaba páginas enteras a Baigorri.
Tomaron el tema en sus manos, y no se cansaron de reiterar y de describir con toda la minuciosidad posible, tanto los antecedentes de sus trabajos en Santiago del Estero como los detalles de los preparativos de la experiencia porteña.
Sin embargo, en medio de semejante cobertura, nunca se ocuparon del hombre.

El diario accedía casi libremente a la casa de Baigorri y a su laboratorio, donde registró cada momento de la experiencia. Lo fotografiaron solo, con sus aparatos, posando, con su esposa, con su hijo, con amigos, en fin, abarcaron todas las aristas de su forma a lo largo de los días, en los que, incluso, reprodujeron la polémica y las repercusiones de lo que estaba por pasar y de lo que finalmente ocurrió, pero omitieron hablar del hombre. Solamente puede suponerse que ese silencio fue intencional.

Aunque en aquel momento nadie lo supiera, había motivos concretos para la omisión intencional de datos, o tal vez, Baigorri había decidido compartir su secreto solamente con el diario, y se jugara a todo o nada a la discreción prometida por los periodistas. Otra posibilidad es que ni siquiera los hombres de prensa conocieran el secreto del ingeniero, y que omitir los comentarios respecto a su vida privada fuera una condición impuesta para que, a cambio, les fuera permitido el libre acceso a sus trabajos.

Ese mismo relato oficial en el que Baigorri es entrerriano, afirma que su padre era militar y amigo del general Julio Argentino Roca, y aunque cronológicamente esa amistad hubiera sido posible, el padre de Baigorri, el ya citado Mateo, era panadero como su suegro.[12]

Las armas entrarían a la estirpe de Baigorri más tarde, cuando su hijo William, ingresara al Ejército Argentino. Pero en 1892 Baigorri acababa de nacer, y para eso faltaban varios años.

Como en el caso de los Evangelios Apócrifos, conviene recordar aquel prólogo de Borges, en el que se nos enseña que esa palabra –apócrifo- que nosotros tenemos por falso, significa en realidad oculto.
En la biografía apócrifa de Baigorri, aparece luego de su niñez, la mención a sus estudios en el Colegio Nacional de Buenos Aires.
Pudo haberse tratado de un error, o no, considerando benévolamente que hay poca diferencia sintáctica entre las frases "Colegio Nacional *de* Buenos Aires" y "Colegio Nacional *en* Buenos Aires".
La diferencia sustancial está en lo que implican los dos colegios. Haber sido alumno del Colegio Nacional de Buenos Aires, lo hubiera cubierto con un manto de prestigio, tanto por la calidad de la institución, como por los compañeros que hubiera tenido.

Ahora sabemos que no fue así.

Existe, sin embargo, un Baigorri en los registros del Colegio Nacional de Buenos Aires, que apareció, fugazmente, por diez días.
Puede leerse, en la lista de inscriptos de 1903, el nombre de Fortunato Baigorri, que al poco de ser internado en el Colegio (que entonces era pupilo) fue transferido a otra sede, la Norte, y nada más se supo de él. Se supo, sí, que no egresó del Colegio, y que no era nuestro Baigorri, quien probablemente realizó sus estudios secundarios en otro lugar en ese mismo tiempo. De lleno en el terreno de la especulación, puede suponerse también que se trató de un primo, o que, apenas, fue un homónimo.

En el mismo artículo periodístico del diario Crítica del 28 de diciembre de 1938, Baigorri afirmó haber vivido en Buenos Aires hasta los 17 años, cuando partió hacia Italia a estudiar en la Universidad de Milán, donde dijo haberse recibido de ingeniero.

En ese punto la historia consetudinaria y la oficial de alguna manera coinciden, y aunque nadie es capaz de aportar los detalles que permitan definir con claridad tanto sus estudios como el tiempo que le insumieron, al menos no hay fuentes ni versiones que contradigan su paso por Italia.

Lo que siguió en su vida, fue un recorrido por varios países. Dijo haber estado en Rusia, Francia, Bélgica, Estado Unidos, Perú y Chile, siempre contratado para realizar estudios de prospección y cateo, o sea, buscando petróleo y agua, que eran su especialidad, y en virtud de los cuales había diseñado la máquina, así como otros instrumentos que perfeccionó para cumplir mejor con sus trabajos.

Declaró haber regresado a la Argentina en 1929
La fuente de información es siempre la misma, que es la primera y la única fuente autobiográfica, además del relato de sus descendientes, quienes con mayor o menor énfasis, sin embargo no lo niegan.

Amar no puede ser una culpa

En este punto del relato es cuando comienza a vislumbrarse la sombra, se empieza a intuir la intención del hombre de esconderse en su laberinto, del cual él mismo es Ariadna y es el Minotauro.
Los datos son contradictorios y las omisiones evidentes.
Los motivos pueden suponerse.

Baigorri dijo haber regresado a la Argentina en enero de 1929, omitiendo el nacimiento de su hijo William, que había sucedido en 1925, cuatro años antes.
De modo que de haber regresado a la Argentina en el año que afirmó haberlo hecho, su hijo tendría que haber sido un niño extranjero de cuatro años de edad, lo cual no fue del todo así.
William nació fuera del país, pero fue argentino.
Su nacimiento tuvo lugar en Valparaíso, Chile, el 15 de marzo de 1925 y sin embargo fue inscripto como argentino en todos los documentos de identidad, incluso en el que firmó el 28 de octubre 1944, cuando ingresó al Colegio Militar de la Nación.
De la Nación Argentina, claro.

No se sabe cómo ni por qué habiendo nacido en Chile sucedió que pudiera ser argentino. Una tesis posible, sostiene que en aquella época la inscripción en función del "jus sanguini" o del "jus soli"[13] dependía más de la voluntad de los padres que de la ley del Estado, y entonces, los padres de William, Juan Pedro y María Arminda, dispusieron que se lo inscribiera como argentino, sabedores de que su paso por Chile era efímero y que la calidad de extranjero obligaría a William una vez de regreso en la Argentina, a pasar por una máquina administrativa con el objeto de naturalizarlo, lo que resultaría finalmente, en la definición de argentino naturalizado, que es una categoría de ciudadanía de menor calidad que la original. Máxime, considerando el hecho de que el mismo Juan Pedro era uruguayo.

Otra tesis sostenible es que Baigorri viajó a Chile a realizar un trabajo, y que en el transcurso de su estancia en el país vecino nació su hijo, y que como la tarea era de carácter oficial logró vía diplomática, la inscripción de su hijo como natural de Argentina.

Sin embargo ambas posibilidades presentan matices: por un lado la escasa probabilidad de que Baigorri viajara a un destino laboral con su esposa embarazada y próxima a dar a luz. Por otra parte, es igualmente posible el hecho de que Maria Arminda quedara embarazada durante la permanencia en Chile junto a su marido. Sean como fueran las verdaderas circunstancias, al niño le dieron el nombre del obstetra que intervino en su alumbramiento.

Lo cierto es que William Francisco recibió ese nombre como homenaje al médico que hizo posible su nacimiento. Antes, María Arminda había perdido dos embarazos de gemelos –cuatro niños en total- y el matrimonio temía por la integridad física del niño por venir.
Aparentemente, y de acuerdo a versiones familiares, Baigorri se enteró de la existencia de un obstetra de renombre en Chile, y no dudó en realizar el viaje desde Villa Luro hasta Valparaíso, cruzando Los Andes con su esposa en el momento final del embarazo, con la intención de conseguir que el nacimiento sucediera con felicidad.
Lo lograron, dieron al niño el nombre del médico y regresaron a Buenos Aires.

De modo que para cuando Baigorri dijo haber regresado al país, luego de sus viajes de estudio, trabajo e investigación, William tenía ya cuatro años de edad, circunstancia que fue pasada por alto en el momento de contar al diario Crítica su historia de vida.
En realidad, Baigorri estaba omitiendo algunas cosas más.

William Francisco Baigorri fue el único hijo nacido de la unión de Juan Pedro con María Arminda Saccardo, que era menor que él y maestra de escuela.
María Arminda, en ocasiones Arminda a secas, "abuela rubia" para sus nietos, falleció seis años antes que Baigorri.
Sus nietos y su nuera la recuerdan como una mujer suave, que se dedicó a la docencia con cariño y que era el eje de un hogar pacífico y armonioso, en un barrio retirado de la ciudad, en el que vivían un hijo muy deseado y Baigorri, y en el que un día se reunirían los vecinos y los curiosos para alentar al "mago de la lluvia" y en el que un día estallaría el escándalo.

Antes tuvo lugar la vida de William, que comenzó con su nacimiento en Valparaíso.
Siguió con una niñez en la que fue testigo y parte de las experiencias de su padre en el altillo de su casa, y que luego lo llevó al Ejército.

Ingresó a esa institución el 28 de octubre 1944, con el consentimiento de ambos padres, pero con la autorización de su madre solamente, según consta en el Formulario Número 1 "Solicitud de ingreso al Colegio Militar de la Nación".
Egresó el 16 de diciembre de 1947 con el grado de Subteniente, y fue destinado a Olavaria. Tenía entonces 22 años.
En esa ciudad de la Provincia de Buenos Aires, en la que vivió en varias ocasiones a lo largo de su vida como consecuencia de su estado militar, conoció a Fanny Delma Alexander, una maestra de grado un año menor que él, descendiente de inmigrantes ingleses, y a quien se conoce como "Dolly", apodo que guarda la forma cariñosa en que su abuela inglesa la llamaba: "Little doll", o "Dolly", o sea, muñequita.
Dolly no recuerda con cariño a su suegro.

Con ella se casó y tuvo dos hijos: Ricardo José Luis el 21 de junio de 1952, y Alejandro Daniel Eduardo el 11 de agosto de 1957.
Ninguno de los dos siguió el camino de las armas que iniciara su padre William.

Luego de sucesivos traslados y ascensos, William Francisco regresó a Buenos Aires de la mano del Ejército.
Como parte del arma de Ingenieros, recibió el ofrecimiento de ser trasladado a la Patagonia. Tenía en ese momento 53 años de edad, dos hijos de 21 y 26 años respectivamente y el rango de Coronel del Ejército. Decidió que era el momento de parar. Solicitó la baja el 13 de marzo de 1978 y se la concedieron.
Pudo haber sido General.
No hay constancia de que haya participado de ninguna manera del gobierno militar iniciado en la Argentina en marzo de 1976, y en cambio, siguió viviendo en Buenos Aires, en su departamento del barrio Norte cerca de la esquina de Santa Fe y Araoz hasta 1998, cuando una enfermedad se lo llevó el 4 de septiembre de ese año, a las 7:45 mientras estaba internado en el Hospital Militar Central, en Buenos Aires.

La relación con su padre, el Ingeniero Baigorri fue recorriendo diferentes instancias a lo largo de su vida; o de la de ambos.
Durante su niñez, hay evidencias de que se trató de un vínculo grato y recíproco, enmarcado por las circunstancias propias de la vida de una familia de barrio.
William, con 13 años de edad, ingresaba a la adolescencia cuando la máquina de hacer llover ocupaba los diarios y la gente se agolpaba en la puerta de su casa, y en todas las fotos padre e hijo aparecen juntos en torno del invento del ingeniero.
La imagen de un William serio, casi adusto, se repite en tapas de diarios y en cuanto testimonio fotográfico se encuentre. Incluso sus participaciones en las experiencias de su padre quedaron testimoniadas, señalando que la relación entre el padre y el hijo era lo suficientemente buena como para que, por un lado el hijo estuviera siempre presente, y por el otro, el padre lo expusiera cada vez que le fuera posible.
Luego vendría el Colegio Militar. Casi cuatro años en los que William iría solamente de visita a lo de sus padres, e inmediatamente después de su graduación el primer traslado, lo que significó en la práctica, que al ingresar al ejército William se fuera de su casa.

Siguiendo el relato familiar, puede saberse que las visitas a lo del abuelo eran escasas, fundamentalmente porque vivían en ciudades alejadas, en tiempos en los que trasladarse 500 kilómetros no era sencillo.
Los recuerdos son, aunque escasos, gratos, hasta un momento.

El otro

El momento que marcó el punto de inflexión en la historia de William y su padre, tuvo lugar cuando el coronel se enteró de manera accidental y sin habérselo propuesto, de que su padre había vivido más de lo sabido, que había una existencia anterior y un intento de cancelar ese pasado.

El inventor de la máquina de hacer llover, el uruguayo que decía ser argentino, padre de un hijo nacido misteriosamente en Chile, había tenido otra casa en la que había otra familia Baigorri.

La saga conyugal comenzó el 9 de junio de 1915.
Ese día, Baigorri de 23 años, declaró ante el Registro Civil de la Ciudad de Buenos Aires tener 25 y ser martillero (como su suegro) a los efectos de casarse con Camila Maquieira, de nacionalidad española, de 20 años de edad, quien por su parte, aceptó y se casó con la autorización de su padre.
Su madre había fallecido, al igual que los padres de Baigorri.
De esa unión, que duró menos de diez años, nacieron tres hijos[14]:
Juana Camila, el 25 de abril de 1916,
Luisa Etelvina, el 21 de mayo de 1917
y Juan Pedro, el 2 de septiembre de 1920.
Los tres se apellidaron Baigorri, como su padre, según se desprende de sus actas de nacimiento.

No se sabe el o los motivos por los cuales ese matrimonio se disolvió, pero lo cierto es que Baigorri se casó por segunda vez.
En esa ocasión, lo hizo con María Arminda Saccardo el 28 de septiembre de 1922, siete años después de su primera intentona matrimonial. La inscripción del flamante matrimonio tuvo lugar en la ciudad de Luján, y Baigorri declaró en esa oportunidad ser soltero.
En ese entonces, en la Argentina no había ley de divorcio, por lo que lo más probable es que haya declarado ese estado civil para poder llevar adelante el casamiento. Otra hipótesis sostiene que simplemente ocultó la verdad, aunque se trata de una versión débil, sobre todo, porque los matrimonios fueron consecutivos y no se superpusieron. Baigorri fue bígamo técnicamente, porque se casó sin haberse divorciado, pero no se divorció porque no era posible.

No se sabe con exactitud cómo transcurrió la infancia de esos tres hijos suyos, que en plena niñez quedaron al cuidado de su madre, y conservaron de su padre sólo el apellido.
Baigorri vuelto a casar en 1922, (dos años después del nacimiento de su tercer hijo con Camila), fue padre de William en 1925.
Para 1929, año que él mismo se fijó como de inicio de su historia oficial, y presentado como el de su regreso a la Argentina, en realidad ya se había casado dos veces y era padre de cuatro hijos.
Es probable que los tres primeros se sorprendieran viendo en aquel diciembre de 1938 la fotografía de su padre en los diarios, y a toda la ciudad comentando los pormenores y las alternativas de una lluvia que finalmente cayó, y que tuvieran que resistir en silencio portando el mismo apellido de ese hombre que simplemente los había dejado atrás,

como parte de su propio pasado, a pesar de que Juan Pedro hijo era nada más que cinco
años mayor que William.

Camila Maquiera, su primera esposa, falleció el 3 de abril de 1944, y su partida fue tan
anónima como su existencia.

No sabemos si María Arminda estaba al tanto de la doble vida y el dudoso pasado de su
esposo.
Lo más probable es que no lo estuviera.

Lo cierto es que al poco tiempo de su fallecimiento, ocurrido el 28 de junio de 1966,
durante una de las visitas que William solía realizar a su padre, descubrió que en la
parte superior de la casa, de su casa natal, se estaban realizando trabajos de
remodelación.
Para ese entonces, Baigorri tenía 74 años de edad, y haya sido bígamo o apenas un
precursor del divorcio, sus dos esposas habían fallecido y su estado civil le permitía
hacer lo que quisiera, como celebrar un nuevo matrimonio, legal.

El Ingeniero estaba dado a la tarea de construir una suerte de departamento en la terraza
de la casa de Villa Luro, destinado a alojar a una señora que era presentada como su
ama de llaves.
En la expresión puede suponerse una ironía.

No es bueno que el hombre esté solo

William no toleró los planes de su padre.
Le impuso la venta de la casa que, de acuerdo con algunos testimonios, tenía la entrada
por Araujo 105, y según otros, por Ramón Falcón 5702 (la casa ocupaba la esquina de
ambas calles) y que estaba –extrañamente- a nombre de su madre.
Una inmobiliaria de la zona del barrio de Caballito se ocupó de la venta, que tuvo lugar
a mediados de 1970, y ya era vox populi que la relación entre Baigorri y su hijo Oficial
del Ejército no era buena.

Apareció el comprador leyendo el diario. Se acordó el precio, y Baigorri pidió, después
de firmado el boleto de compra-venta, unos días de gracia.
La casa que fuera el escenario de las manifestaciones y del laboratorio ya no era la
misma.
Había sufrido sucesivas reformas.

Durante esos días de gracia solicitados, Baigorri transfirió el teléfono, que en la década
del 70 en Buenos Aires era un elemento casi de lujo, a su amigo Alvarez que lo protegía
de la soledad, y se llevó minuciosamente hasta las lamparitas, dejando los cables
cubiertos con cinta aisladora.
A mediados del año 1971, unos meses después de haber puesto en venta la casa,
Baigorri se mudó con su gran amigo Alvarez a la casa de la misma calle Araujo, pero en
el 347, que actualmente ocupa una lujosa propiedad, y que el relato apócrifo quiere que
sea francés, pero que parece poco probable que así haya sido.
La última información acerca de Baigorri es que estando solo, fue internado por un
problema bronquial, siempre de acuerdo a la biografía supuesta.

Lo cierto es que partió al hospital Salaberry [15]aquejado de un problema de índole
desconocida, pero que le valió una cirugía, de la que no se recuperó.
Antes hubo una intervención, relacionada con unas hernias que el Ingeniero padecía.
La recuperación rápida y eficaz de la primera cirugía lo empujó a la segunda.

Su certificado de defunción señala como causa del deceso "un íleo post quirúrgico", lo
que revela la existencia de una complicación abdominal que siguió a la operación, y que
el motivo que lo llevó al hospital no fue bronquial.
En ese hospital que ya no existe, murió el 22 de marzo de 1972 a los 80 años, pocos días
después de su cumpleaños 80, que ignoramos cómo celebró.
Al día siguiente fue sepultado.

Ese mismo relato apócrifo falsea, incluso, el lugar de su descanso.
Dice que fue en el Cementerio de la Chacarita, pero su hijo William, su nuera y otros
familiares firmaron el aviso fúnebre del diario La Prensa, avisando a quienes hubieran
querido enterarse, que el entierro sería en el Cementerio de Flores; acaso más próximo
al barrio.

Sabemos también, que el cortejo fúnebre pasó por la calle Araujo, y que quienes
quisieron, tuvieron la oportunidad de despedirse de Baigorri, y de su secreto para hacer
llover, que estaba viajando al cementerio, junto con él.
El 23 de marzo lo enterraron. No es cualquier fecha. Es el Día Mundial de la
meteorología, y como no podía ser de otro modo, llovía.

Baigorri tenía casi 80 años cuando su hijo William desmanteló su nueva intentona
sentimental. Desde que se decidiera la venta de la casa hasta la muerte del ingeniero
pasaron unos meses, como si después de haber vivido una vida llena de intrigas,
secretos y misterios no hubiera podido tolerar esa pérdida, o como si la casa se lo
hubiera llevado a él también.

El día después

La venta de la casa de la calle Araujo fue, cuanto menos, misteriosa.
El comprador mantuvo la propiedad congelada en el tiempo y se sabe que el destino de
la adquisición no era habitarla.
De su testimonio a cuentagotas, sabemos que al momento de tomar posesión, la casa
había sido desmantelada por el propio Baigorri, y que solamente dejó entre esas paredes
el secreto del destino final de la máquina y su fantasma, imaginando en alguna noche de
trabajo solitario en su laboratorio del altillo, qué sería de sus tres primeros hijos.

En 2004 la casa se vendió a una empresa que la demolió, junto a la casa vecina por la
calle Ramón Falcón. En esos terrenos ahora hay un edificio y los vecinos de aquella
época, que desde sus casas próximas e intactas recuerdan claramente al Ingeniero
Baigorri, y a la máquina de hacer llover.

El 20 de septiembre de 1984, 12 años después del fallecimiento de Baigorri y 26 antes
del de William, el primer juez a cargo de la sucesión del mago de Villa Luro, dictó una
orden que iluminaría un poco la polémica acerca de las dos esposas.
El Dr. Miguel Angel Vilar ordenó rectificar la partida de defunción de Baigorri, a través
de un escrito en el que

"declárase que Juan Pedro Baigorri, al momento de su defunción, 22 de marzo de 1972, era de estado civil <u>casado con Camila Maquieira</u>, y no viudo de Arminda Saccardo, como por error consta en la partida de defunción.[1]"[16]

Poker de corazones

La orden del juez era, en realidad, una mínima manifestación de una batalla que se estaba librando en el terreno de la justicia, y que comenzó a continuación del fallecimiento de Baigorri.

Sus tres primeros hijos, enterados del fallecimiento de su padre por la lectura del ya mencionado aviso publicado en el diario La Prensa, iniciaron el trámite sucesorio con el objeto de reclamar su derecho hereditario, en caso de que el ingeniero hubiera legado algo. Una vez comenzado el trámite en una época sin informática, lo primero que hicieron fue acreditar su condición de hijos y lo siguiente fue solicitar a todas las instancias correspondientes que informaran sobre la existencia o no de algún bien a nombre de Baigorri.

La única respuesta llegó, una vez más, desde la provincia de Santiago del Estero.[17]

De manera que los primeros hijos reclamaban ser herederos de bienes del segundo matrimonio. La casa en la que Baigorri vivió había sido vendida en vida, y no era pasible de reclamos.

William, por su parte, inició el mismo trámite sucesorio por su cuenta aproximadamente un año y medio después del fallecimiento de su padre.

En las primeras instancias de la gestión, fue sorprendido por la noticia casi teatral de la existencia de sus tres medio hermanos.

No fue una buena noticia.

Los dos trámites sucesorios fueron reunidos en uno solo, porque a pesar de no estar unidos por el amor sino por el espanto, reclamaban lo mismo.

William tuvo que solicitar al juez ser tenido como heredero legítimo, y participar en la herencia, cualquiera que fuera, a pesar de haberse considerado durante toda la vida hijo único.

El juez dictaminó en un principio, que el segundo matrimonio era ilegítimo, por lo que los derechos hereditarios de William estaban perdidos. Sin embargo, más tarde cambió de opinión, basándose en la presunción de que María Arminda, la segunda esposa, se había casado de buena fe, por lo cual William en su carácter de hijo legítimo estaba en condiciones de heredar a su padre, junto a los demás hijos de Baigorri.

Probablemente los cuatro hermanos no se encontraron nunca, o se encontraron una sola vez, cuando de común acuerdo decidieron repartirse esa propiedad que jamás visitaron y cuyo destino se ignora.[18]

Más misterioso es, por su parte, el recorrido en busca del modus vivendi de Baigorri.

La única referencia concreta a un trabajo fijo es la que surge de la versión de sus tareas en la entonces empresa nacional de petróleo argentina (YPF), a la que habría ingresado alrededor del año 1928, convocado por el ingeniero y General Mosconi.

---

[1] El subrayado corresponde al original.

A pesar de la apariencia de recienvenido que Baigorri intentó transmitir, como ya se vio, para esa época ya se había casado dos veces y ya habían nacido sus cuatro hijos.

Sin embargo, la empresa no lo tiene contabilizado como miembro, y quienes desde su familia política y desde el trato personal no tienen una opinión favorable de su memoria, coinciden en que efectivamente ese empleo nunca existió, contradiciendo a quienes – también desde los jardines de la pasión- prefieren afirmar que el Ingeniero simplemente trabajaba, y que haber sido parte de YPF es perfectamente posible.

Por lo demás, no hay registros de que haya sido empleado de empresas, ni testimonios de que hubiera dispuesto de una oficina privada. Más bien el paisaje que ofrece la historia laboral de Baigorri es la de un técnico que era contratado para realizar tareas de exploración, y que de resultas de esa actividad se financiaba hasta la ocurrencia de otro contrato.
La apariencia circunspecta en la que todos quienes lo trataron coinciden, contrasta fuertemente con su turbulenta vida sentimental, y con su condición de profesional liberal. Baigorri parece más bien un burócrata, un citadino, un ser urbano delimitado por una rutina.
Evidentemente, las apariencias engañan.

Su historia personal, el relato del hombre, se parece en parte al de Leopoldo Lugones. Con algunas atenuaciones y con las diferencias propias del caso y de los personajes, otro hombre, padre de un único hijo sucumbió a la pasión.
Polo, el policía, no toleró ver a su padre enamorado y le impuso la ruptura al escritor. María Emilia Cadelago murió soltera, y dispuso que la sepultaran con el oso de peluche que le regalara Lugones padre, su amante.
De Camila Maquieira, la otra esposa de Baigorri no se sabe tanto. No es para menos.

1- En primera persona

Ignoro el motivo, si es que lo hay (debe haberlo) por el que se me antojó que lo primero que debía hacer era ir a la casa de Baigorri. Fue un impulso irracional, como la mayor parte de los impulsos, cuya secreta motivación era encontrarlo o desmentirlo.
Ahora lo se.

Lo hice, y de las cuatro esquinas posibles algo, una sensación o una certeza (lo mismo da) me indicó cuál era.
Había dos hombres hablando junto al portón de un edificio moderno. Les pregunté por la casa de Baigorri y me respondieron que estábamos parados en la puerta.

La esquina es especial.
La calle Ramón Falcón es, a esa altura, una calle de doble mano con un boulevard.
Cuando Baigorri la cruzaba era igualmente ancha, pero sin el cantero.
La calle Araujo es la misma de siempre. Una calle corta y angosta, casi anónima, de las que se encuentran a esa altura de la Avenida Rivadavia, que queda a una cuadra de distancia, y que cambia el nombre de todas las calles que la atraviesan.

El Señor Gutierrez, vecino del número 145, vivía a unas puertas de la de Baigorri. Lavaba su auto en la puerta, y el agua corría por el cordón, hasta que un día de 1945 un camión pisó el charco, mojó a Baigorri y no se hablaron más.

Carmen, vecina de la cuadra desde mediados del año 30, fue compañera de escuela de William. Lo recuerda como un chico triste, alimentado básicamente con arroz con leche.
Todos coinciden en que durante el auge y esplendor de la máquina y de Baigorri, eran frecuentes las manifestaciones en la esquina, alentando al "mago de Villa Luro", y coinciden también, en que Baigorri no buscó ni quiso esa popularidad casi futbolística.
En esa época se supo de la existencia del hermano de Baigorri, que desapareció junto con las manifestaciones en la puerta, y ahora sabemos que falleció.
Esa presencia pudo haber sido también la de su hijo natural.

Cuando la fama buscó otro destino, el barrio y sus habitantes casi lo agradecieron.
Baigorri era un tipo muy formal y serio, elegante, sobrio y callado, que usaba bigotes.
Nadie habla de su casa porque nadie entró. Se sabe que el laboratorio estaba arriba, en una suerte de altillo, que algunos periodistas visitaron.
Baigorri tenía, al final, una camioneta Ford y un auto.

Todos coinciden también en que no es posible que hiciera llover con una máquina, y que cuando prometía lluvia llovía.

Carmen, vecina de enfrente, fue testigo de toda la historia, y a la vez, su testimonio tiene un valor agregado. Ella se jubiló del Servicio Meteorológico en 1986. Ingresó de la mano del Ingeniero Galmarini, el mismo que perdió el desafío lanzado por Baigorri.
Carmen arriesga una hipótesis: Baigorri tenía espías que le anticipaban el pronóstico.

Sin embargo, Baigorri no decía cuándo iba a llover, sino que provocaba la lluvia. Nunca dijo "lloverá pasado mañana", sino que afirmaba en cuántas horas se produciría la tormenta.

Sería recordado por vecinos que treinta y cinco años después de su muerte siguen hablando de él.

Son charlas extrañas. No es para menos.
Sin embargo, es evidente que Baigorri dejó una impronta en la memoria de esa esquina. El experimento más improbable es el de buscar en la memoria de la zona, que es la de algunas personas.
Se realizó de la siguiente manera:
Dadas las cuatro esquinas de la intersección de Araujo con Ramón Falcón, fue elegida la esquina noroeste, porque Araujo es mano hacia allá, y porque parecía ser la más propicia. Algunos llaman también a ese método, azar.

Seguidamente se comparó la esquina seleccionada con las tres restantes, como para reforzar la elección y dispersar cualquier duda.

Luego se procedió a buscar un vecino de 70 años de edad o mayor, de sexo indistinto, aunque se prefirió que fuera masculino, por su tendencia a juzgar rápidamente, a entregar la información disponible y a manifestar los efectos de la senilidad –cuando corresponda- sin subterfugios.

Dado el vecino, se procedió a plantearle el tema de manera suave, casi ingenua, con el objeto de lograr que:
no se asustara
no se burlara
no se negara

y que además,

colaborara
recordara
participara

El vecino fue encontrado en la esquina seleccionada, en compañía de otro vecino de menor edad, pero que daba claras muestras de no pertenecer a la esquina.

La técnica utilizada consistió en hablar de Baigorri en presente, como si no hiciera casi cuarenta años que murió.
La respuesta fue inmediata.

- Ayer hablamos de Baigorri, dijo.
- En la ferretería de la esquina, pida el teléfono de Eduardo, el gasista. Él sabe.

Distante a cien metros, en la ferretería de la esquina, al pedir del número en cuestión, una mujer –que atendía- dijo:

- agarre uno de esos papelitos, señalando un pilón de pequeños volantes atravesados por un alambre y colgados de un estante en el mostrador.

Así se hizo, y cuando se observó que el volante en cuestión promocionaba a una psicóloga, se obtuvo como respuesta:

- Es la esposa.

Eduardo confirmó que la esquina seleccionada era la correcta, y agregó:

- Vaya al 145 y pregunte por Gutiérrez. Él sabe.

Gutiérrez, de aproximadamente ochenta años, respondió al timbre personalmente. Abrió la hoja de vidrio del portón de su casa, desde el que se pudo observar que guardaba, entre otras cosas, un auto bastante actual, de marca francesa y de color gris. Muy buen aspecto el de Gutierrez, que además comenzó su relato diciendo:

- Si, Baigorri, el de acá al lado.

Luego puso el relato en situación, afirmando que su llegada al barrio se había producido en los años cuarenta, cuando Baigorri era ya una personalidad reconocida, aunque pudo ser testigo de manifestaciones en la puerta de su casa. Todas a favor.
De la máquina, Gutiérrez opinó que no creía que fuera capaz de hacer llover, aunque sus argumentos carecen de sustento científico, son, digamos, emocionales.
Sin embargo, y siendo absolutamente conciente de lo que estaba por decir, remató su crítica con una afirmación que, por lo que expresaba su rostro, era a su pesar. Dijo no creer en la máquina, pero que cuando Baigorri prometía lluvia, llovía.
Faltaba poco para el final del encuentro, cuando agregó

- En esa puerta verde pregunte por Carmen. Ella es meteoróloga y está en el barrio desde antes que yo. Ella sabe.

Así fue. En el 174 se abrió la ventana que da a la calle, y un señor preguntó qué se ofrecía.
Planteado el tema, Benjamín Morón explicó que Carmen estaba en cama, pero dispuesta a hablar. De modo igualmente cortés, se permitió coincidir con Gutiérrez: de la máquina había que sospechar, de Baigorri no se podía. Sus argumentos eran otros, pero igualmente opinables.
Casi una hora más tarde, Carmen Roig pintaría un Baigorri diferente.
Desde el principio quedó claro que el intento de objetividad estaría atravesado, permanentemente, por un tenue resplandor condenatorio.
Carmen, pionera de la meteorología, había ingresado al Servicio de la mano de quien iba a ser la causa y la consecuencia de la fama de Baigorri. Se estaba jugando, evidentemente, una cuestión de lealtad.
Carmen y Benjamín precedieron a Baigorri como vecinos del barrio de Villa Luro, y dieron cuenta de una personalidad reservada, casi secreta, que contrastaba con las manifestaciones de fervor popular desarrolladas en la puerta, que coincidentemente con el relato de Gutiérrez, protagonizaron en forma involuntaria.
De repente, Carmen encendió una pequeña pira justiciera. Se estaban por mezclar en ese fuego su condición de mujer, de vecina y de meteoróloga. Habló de la soledad de

William, el único hijo de Baigorri presuntamente nacido en Chile y luego militar, que fuera compañero suyo en la escuela primaria, habló de la esposa sin nombrarla, pero refiriéndose a ella como "la mujer". El detalle no era menor. Pocos segundos después vendría el estoque: no era la primera ni era la única. Tampoco sería la última.
Carmen dejó entrever que hubo un casamiento que no prosperó, en una época en la que el divorcio no era social ni moralmente bien visto. No hubo detalles. Carmen se conformó con testimoniar esa falta. Los detalles no aportaban a la descalificación. ¿Qué podría esperarse de alguien que se divorcia?, sería la síntesis de su pensamiento. Además, era seguro para ella que Baigorri contaba con espías, que le adelantaban el pronóstico elaborado en la oficina en la que ella trabajaba.
Sin embargo, en esa teoría conspirativa estaba el reconocimiento a Baigorri, porque si no hacía llover, no hacía falta preocuparse por nada.
Faltaba más. Vendría el relato de cuando William descubrió que luego de la muerte de su madre había otra mujer, y le impuso a su padre la venta de la casa, lo cual ocurrió, todo con el obtuso objetivo de impedir ese amor crepuscular.
Baigorri y su concubina se mudaron a dos cuadras, suficientes para disolver su presencia y para que Carmen diera por terminado su relato.

Doscientos metros más allá, a la altura de la calle Ercilla, nadie sabe nada de Baigorri, ni siquiera José, el peluquero, ni su esposa, sobre quien cayó la responsabilidad luego de que varios vecinos fueran infructuosamente puestos frente al nombre y recuerdo de Baigorri. Ya no estaba.

Con ese primer contacto realizado tenía la certeza de que Baigorri efectivamente había existido, y el comentario digamos urticante, de la vecina prometía una búsqueda llena de señales falsas.

En Internet obtuve una colección de notas que parecían repetirse mecánicamente, de las que extracté una serie de datos, algunos biográficos y otros laborales, como para poder dibujar un mapa de las urgencias, las facilidades y las dificultades de la búsqueda.

2- Tener la razón

Lo siguiente fue apelar a la solidaridad periodística, y de esa manera me fue facilitado el nombre de Luis Sartori, que me recibió con una cortesía que no merezco.
Le conté la historia de Baigorri. Me miró fijamente. Se puso serio.
Se hizo un silencio en la amistosa conversación que se desarrollaba en su oficina de la redacción y repentinamente, como afectado por una revelación, dijo.

- ¡Claro, Baigorri, el de la máquina de hacer llover! ¡Tiene que estar, como no va a estar!

Tomó el teléfono e indicó que se buscara el archivo de Baigorri. La espera fue breve e interminable, hasta que sonó el teléfono con la respuesta. La confianza no era como para que atendiera yo, pero ganas no me faltaron. De todos modos, atendió él.
Su expresión adusta no pudo ser disimulada ni siquiera por su profesionalismo.
Colgó y nos enteramos de que no había archivo de Baigorri.
De repente, como víctima del mismo mal, tomó nuevamente el teléfono y ordenó:

-    ¡buscá la máquina de hacer llover!

Tuvo que aclarar que efectivamente ese era el título del pedido. No era para menos.
Solidariamente optamos por el silencio. Ya éramos dos.
Cuando llegó la llamada la atendimos de pie. Por el ruido de la campanilla la noticia era
buena. Subimos al archivo. Ahí estaban los recortes que fuimos mirando, y con los que
pudimos verificar que muchas cosas de las que hace unos instantes nos estábamos
riendo a carcajadas eran ciertas.
Me facilitaron copias y buenos deseos, que se cumplieron, y me fui del diario con la
sensación de ser el guardián de los secretos de Baigorri.
Ignoraba entonces que la búsqueda apenas comenzaba.

3- La importancia de llamarse Baigorri

En mi altillo, comencé a leer los recortes, como buscando el mapa del tesoro.
Pude extraerles algunos datos, pero en su mayoría menores. En lo esencial, estaba en
cero. Mi conocimiento acerca de Baigorri se componía de los datos que eran públicos
más las sospechas lanzadas por la vecina.
Realicé un mapa del relato, que dividí en capítulos temáticos, y formulé para cada parte
una estrategia.
Dada la falta de información bibliográfica, supuse que lo más conveniente era comenzar
a buscar de atrás hacia delante, o sea, intentando rastrear las menciones al hombre y a la
máquina más recientes en el tiempo, pero más alejadas de la historia.
Del diario obtuve la fecha de defunción cierta, y con ese dato tramité una copia de la
partida correspondiente.

El trámite se llevó diez días y la posibilidad de que el resultado fuera negativo.
Como el recorrido de atrás hacia adelante comenzaba con su fallecimiento, fui al
cementerio. Al de Chacarita, donde todas las versiones señalaban que debía estar.
Una fuerza como premonitoria me impidió acceder a los datos. Un día llegué fuera del
horario. Otro no funcionaba la administración, otro estaba cerrado al público, otro era
tarde, una sucesión de impedimentos estaban diciéndome que no.
Tal fue el rechazo, que terminé convenciéndome de que no valía la pena esa foto ni esa
verificación, y que estaba dilapidando el tiempo.
Mientras se sustanciaba la partida, debía buscar en otro lado.

4- Pertenecer tiene sus privilegios

Uno de los rastros más fuertes, era el que llevaba al Colegio Nacional de Buenos Aires,
donde todas las versiones indicaban que había cursado el secundario.
Estimé la fecha probable de su ingreso, y llamé al archivo, calculando previamente la
manera en que habría de desarrollarse la conversación con quien me atendiera, y
especulando con la mejor manera de explicar que estaba buscando el legajo de Juan
Baigorri, el inventor de la máquina de hacer llover.
Me atendió una voz de hombre mayor y formal.
En mi intento por evitar la burla, me referí al pedido, como al de "una persona que fue
alumno del colegio alrededor de 1903, de quien estoy escribiendo una biografía".
La voz que me escuchaba me respondió que para solicitar ese legajo, era necesario
tramitar una autorización especial.

De repente, me ocurrió lo que me había ocurrido en el diario, una ráfaga de coraje, desesperación y suerte.
Respondí que, por la manera en que sonaba su voz, debía ser una persona de más de sesenta años, y que seguramente conocería a quien estaba buscando.

- ¿Quién es?, preguntó
- Juan Baigorri, respondí

Se hizo un breve silencio, en el que sospeché que mi interlocutor habría cortado.
Cuando estuve a punto de lamentarme en voz alta, dijo:

- ¿Baigorri, el de la máquina de hacer llover?
- Ese mismo, respondí.
- ¡¿No me diga fue alumno del Colegio?!
- Bueno, es lo que estoy tratando de averiguar
- Que barbaridad…si claro, cómo no me voy a acordar. Llámeme mañana a la tarde, agregó y cortó.

Al día siguiente, deambulando por el centro, me detuve y lo llamé.
Se había quedado a la noche buscando a Baigorri, y cuando hablamos me dijo que había encontrado a otro, pero que *el nuestro* no estaba.
Sin saberlo, comenzaba a desentrañar la biografía de Baigorri, plagada de datos falsos.
Ahora sabía que no fue alumno de ese colegio.
Pude conocer a Pedro Luisi, y pude convencerme de que el archivo es quien lo cuida.
Ahora puedo jactarme de la amistad de un hombre valioso, responsable de la memoria de uno de los colegios más antiguos y prestigiosos del país, que además, me hizo recordar a Borges y Jorge de Burgos, el bibliotecario urdido por Humberto Eco para su novela El Nombre de la Rosa.

5 -El nombre dado

El extraordinario número y distribución geográfica de personas apellidadas Baigorri en el país, hacía de los potenciales descendientes un padrón en sí mismo.
Opté por la genealogía, consultando a la Fundación Vasco Argentina, sabiendo de la existencia de un libro que historia el desarrollo de esa colectividad.
Me invitaron a ver el enorme libro.
Cuando llegué, Pedro ya había marcado las páginas en las que se habla de Baigorri.
Hablamos.
De repente sobrevino la incertidumbre:

- ¿Seguro que no es ninguno?, me preguntaba como un reproche
- No, son pocos y no es ninguno, tuve que responder.
- Lo que pasa es que el libro está hecho con los datos aportados por los que quisieron participar, decía Pedro, como si tuviera la obligación de darme respuestas.

Copié las hojas de todos modos, y después leí que el padre de Velez Sarsfield se llamaba Baigorri. El esfuerzo no había sido en vano.
Nos despedimos con alegría. Pedro y yo habíamos dado lo mejor.

6- Todo es historia

En medio de la búsqueda, di con la referencia a una nota acerca de Baigorri aparecida en el número 13 de la revista Todo es Historia, en el año 1968.
Daba la sensación de ser un texto amplio y completo, del que se nutrieron más de una las versiones que circulan por la red.
Era menester localizarlo y establecer su naturaleza.
Comencé la búsqueda en un local del centro, más o menos secreto, alejado del circuito de venta de usados. Ofrecían una pila de ejemplares de la revista, todos prolijamente envueltos en folios de celofán.
Comencé a pasarlos, pero aunque disponía del número supuestamente exacto, en aquella época el número de edición se encontraba en el interior de la publicación.
Seleccioné ocho ejemplares posibles y me acerqué al mostrador.
Junto al dueño, comenzamos a sacarlos de su letargo y de su bolsa, en busca de la nota que retrataba a Baigorri pocos años antes de su final.
La encontró el dueño. Verificamos que fuera cierto. Lo pusimos nuevamente en su bolsita, pagué y quince minutos más tarde estaba otra vez en la calle, ahora con ese ejemplar tantas veces citado en mi bolso.
Había resultado demasiado sencillo.

7- Partida de defunción

Cumplido el plazo de espera que el reglamento indicaba, me encontré en condiciones de enfrentar lo que el destino me deparara en el Registro Civil.
De encontrar la partida de defunción de Baigorri, estaría dando un paso enorme en la reconstrucción de su historia, fuera hacia delante o hacia atrás.
Como en la ocasión en la que iniciara el trámite, eludí la restricción del horario de atención, y luego de esperar a que me llamaran, estuve frente a frente con la empleada que tenía o no, la llave de la historia de Baigorri en medio de los pedidos de herederos, hijos no reconocidos, ciudadanos distraídos y víctimas de robos, incendios y una amplia variedad de tragedias domésticas o documentales.
Tomó mi ticket y se fue.
Regresó a los pocos minutos, y me extendió sobre la mesa el certificado. Me quedé mirándola, como esperando que me felicitara, lo cual naturalmente no sucedió.
En la calle me esperaba Silvio en el auto.
Me subí, y pretendiendo indiferencia, esperé a que me preguntara.
-Acá está, dije, y nos fuimos inmediatamente a un lugar donde poder leerla.

8- En ingeniero en su laberinto

La partida de defunción de Baigorri aportó varios datos.
Sin embargo, junto al certificado estaba abrochado un segundo documento, que era el extracto de una orden judicial indicando rectificar el estado civil de Baigorri al momento de su deceso. "Donde dice viudo de, debe decir casado con".
Había una segunda mujer. La vecina tenía razón.
Faltaba otra revelación. En el primer renglón de la partida, se afirmaba que Baigorri había nacido en San José, República Oriental del Uruguay.

Una nueva sospecha se agregaba al misterioso recorrido de Baigorri, la posibilidad de
que hubiera sido uruguayo. Podría ser un error de transcripción de sus datos de
nacimiento, ocurrido en el siglo XIX, cuando los registros civiles disputaban a las
parroquias el registro de las personas, o podía ser verdad
Me preocupé.

9- Lo importante es competir

La hemeroteca del Congreso de la Nación tiene varias virtudes, una de las cual es que
funciona los fines de semana.
Comparando los diarios del mes del fallecimiento de Baigorri, pude encontrar una nota
necrológica y un aviso fúnebre.
Del aviso obtuve el nombre del hijo, la confirmación de que era militar y el rango que
ostentaba al momento de la partida de Baigorri. Obtuve, además, el apodo de la nuera.
Quise naturalmente pasar a la consulta de los microfilms de la época, pero la sala
correspondiente estaba clausurada. Había que buscar otro archivo de microfilms de
1938. A la suerte hay que ayudarla.

10- Amigos de lo propio

A lo largo de la interminable recorrida por los textos que hablan de Baigorri, me detuve
en uno, adjudicado a la Asociación de Amigos de Villa Luro, su barrio.
Se trató de un intento más relajado, en el que no hacía falta argumentar demasiado.
Íbamos a hablar de un vecino famoso que no necesitaba carta de presentación ante
quienes son los custodios de la memoria de esa parte de la ciudad.
No me equivoqué.
Pude ratificar el axioma de que la biblioteca es el bibliotecario. Hablamos y de
inmediato el Ingeniero Castaño me dijo con toda naturalidad, como refiriéndose al
obelisco:

-   Si, claro, Baigorri, el de la calle Araujo, pero la casa no existe más. Creo que
    hay algo. Déjeme buscar y vuelva a llamarme.

Hablando entre colegas, no era necesario dar ni recibir explicaciones, y la consulta
transcurrió sin el vértigo del papelón o la burla.
Unos días más tarde volvimos a hablar, para confirmar que la caja con recortes no había
superado la última limpieza.
Sin embargo, no estaba dicha la última palabra.
Una semana después, el Ingeniero Castaño me llamó para contarme que había
localizado un recorte de una revista de la zona, en el que se hablaba de Baigorri.
Dejó la copia a mi disposición en la sede de la Asociación, y un sábado al mediodía tuve
el papel y pude agradecerle personalmente.
Ambos sabíamos que se trataba más de un gesto que de otra cosa, pero el gesto era de
amistad.

11- Lubertino el memorioso

Mientras tanto, por las noches me dediqué a extraer de la partida de defunción toda la información posible, a convertir cada dato, por mínimo que fuera, en una pista posible. En un cuaderno dispuesto a tales efectos desde el comienzo, comencé a registrar el desarrollo de la búsqueda, que a esta altura, se desarrollaba en varios frentes simultáneos.

Los primeros apuntes, que inicialmente los hice en la última página del cuaderno, originalmente destinado a otro fin, comenzó a ser escrito de atrás para adelante, como la investigación misma, y opté por dejarlo así en la convicción de que los objetos participantes del trabajo se alineaban inconcientemente en la misma dirección.

En esas hojas registré la fecha del deceso, que coincidía con los datos obtenidos en el archivo del diario. Había, además, una causa y una firma.

Eran cerca de las 9 de la noche cuando localicé al Dr. Juan Salvador Lubertino.

El hombre, que transcurre su octava década, muy amablemente me explicó el diagnóstico y que en su carácter de Jefe de la Guardia del ex Hospital Salaberry no era mucho más lo que podría aportarme.

No era poco.

Desmentía otro de los mitos de la historia de Baigorri.

En vista de la buena predisposición del Doctor, me atreví a profundizar un poco en sus recuerdos. Me advirtió que nadie recorre tantos años impunemente, y que la memoria es parte de ese precio.

Arriesgué. Le dije que estábamos hablando de Baigorri.

Se produjo una breve pausa.

-¡Claro, Baigorri, el de máquina de hacer llover! ¡Si, como no! ¡Estaba en la cama nueve de la guardia!

Nuevamente se había obrado el milagro. Treinta y cinco años después, el recuerdo permanecía intacto en la memoria del Dr. Lubertino, el memorioso.

Nos despedimos afectuosamente, y cortamos.

12- Demasiado bueno

En la Legislatura de la Ciudad de Buenos Aires hay una sala de microfilms y un archivo, simplemente notables.

Los únicos inconvenientes eran que el diario Crítica no lo tenían, y que de tenerlo no lo podían copiar.

De todos modos, recorrí otras publicaciones, y me fui con la promesa de que encontraría el diario Crítica en la Biblioteca Nacional.

13 - Papeles de recienvenido

Debe quedar claro que no se trataba de una suerte de vocación necrofílica, sino de utilizar ese papel para obtener alguna clase de rastro que me condujera hacia la actualidad, que me diera un nombre, un lugar, algo.

En la cochería que realizó el servicio fúnebre de Baigorri fui muy bien atendido, una constante a la que me estaba acostumbrando.

Di las explicaciones habituales. Fui escuchado con la paciencia monocorde de quien trabaja en semejante oficio.
El muro parecía infranqueable. Apelé a un recurso probado:

- "por el tono de su voz, Usted debe saber de quién le hablo". El hombre aceptó el desafío, pero la respuesta fue inmediata.

-¡Claro, Baigorri, el de la máquina de hacer llover! ¡No me diga que el servicio lo hicimos nosotros, no me acordaba!. Llámeme en media hora.

Cortamos, y cada uno se fue a su rincón. Treinta minutos puede ser mucho tiempo. Finalmente transcurrieron y volvimos a hablar.

-Tengo malas noticias, dijo el hombre. Tratándose de una funeraria, era previsible.

-El archivo arranca en septiembre del 72, y lo que Usted me pide es de Marzo, pero puede haber algo más en el otro local. Llámeme mañana.

En el fondo de la conversación se escuchaban voces, y se podía adivinar que ahora estaban buscando a Baigorri como si se hubieran arrepentido de haberlo enterrado. Cumplido el plazo hablamos nuevamente.
Pude comprobar otra vez, que el archivo es el archivista, y que ese hombre que llevaba en su memoria el registro de todos sus servicios, estaba en lo cierto desde el principio, y que lo sabía, pero que no quiso que la magia se terminara tan pronto.
En el fondo yo tampoco lo quería, y le agradecí esa esperanza efímera que me sirvió, por lo menos, para saber que ese camino no me conduciría a ningún lado.
Sin poder ocultar la decepción, el hombre quiso ofrecerme algo, algo más, cualquier cosa, pero no había lo que hacer.
Nos agradecimos, nos saludamos y nos despedimos.

14- Poema de los dones

La Biblioteca Nacional también está abierta para la consulta los fines de semana.
Era sábado a la tarde, como las dos de la tarde, cuando llegué.
Accedí al subsuelo, donde se encuentra la hemeroteca. Al final de unas amplias salas, desde cuyas ventanas se puede ver el exterior a pesar de ser un subsuelo, se encuentra el archivo de publicaciones periódicas antiguas.
Me acerqué al mostrador y un hombre de importantes proporciones, y de una gentileza equivalente a su tamaño, me preguntó qué necesitaba.
Le pedí el diario Crítica del mes de diciembre de 1938. Me miró y me dejó esperando un escaso instante.
Regresó, salió de atrás del mostrador con un rollito en la mano y me acompañó, silenciosamente, a una máquina lectora.
Se sentó, instaló el carrete, y me dijo que si necesitaba otra cosa le avisara.
Lo primero que pensé era que estaba siendo objeto de una burla.
Diez minutos después de mi llegada estaba frente a los documentos en una sala silenciosa y luminosa, limpia y calefaccionada en la que todo funcionaba.
Pedí copias.
Las copias se piden durante la semana. No hay crimen perfecto.

Volví. Fui recibido por una señora igualmente amable y un poco más estricta, que me pidió el detalle de lo que necesitaba y me prometió llamarme cuando las copias estuvieran listas. Y así fue.

15- Mapamundi

Con la asistencia de un mapa, pude establecer que, dada la ciudad de Concepción del Uruguay en la provincia de Entre Ríos, (lugar de nacimiento de Baigorri según los textos), existe una ciudad de nombre San José en Entre Ríos, y más o menos a la misma distancia existe otra San José en Uruguay.
Baigorri bien pudo haber nacido en cualquiera de las dos, o incluso, pudo haber llegado al mundo en alguna de las pequeñas localidades vecinas, y haber sido inscripto en la de mayor envergadura.
Realicé entonces una lista de los pueblos, y establecí en cuáles había registro civil y en cuáles parroquias.
Hablé con todos.
No estaba en ninguno.
Dejé, intencionalmente para el final, el registro civil de San José en Uruguay.
Me dijeron que llamara al día siguiente, y así lo hice.
Una hora después llegó la respuesta. Baigorri era uruguayo.
Necesitaba el documento, pero la oficina no contemplaba como un trámite posible el envío de certificados fuera de San José. El sendero se estrechaba, la luz languidecía.
Sin embargo, Carmen Martinez reavivó la llama de la esperanza a su propia costa, y me indicó que le enviara el dinero del trámite, a cambio de lo cual ella me devolvería por correo postal el certificado.
Así fue.
Debo a la buena voluntad y a la solidaridad de esa mujer uno de los documentos más importantes de la historia personal de Baigorri.

16 - Más magia

En la ciudad de Concepción del Uruguay, se edita desde hace varias décadas el diario La Calle, donde supuestamente se publicó una nota a propósito de Baigorri el quince de marzo de 1969.
Escribí al diario.
Guillermo Vaccaro me respondió que la tenían.
Me la enviaron por correo.

17- Subordinación y valor

En el ínterin, comencé a explorar la historia de William Baigorri, el hijo único, al que sabía difunto, que es un dato importante, pero incompleto.
Habiendo establecido fehacientemente su nombre y rango al momento del fallecimiento del ingeniero –su padre- me dirigí al Archivo Central de Ejército.
Fui atendido por un oficial, que en medio de los trabajos de reciclado del edificio histórico en el que funciona la dependencia, se sirvió de una PC para informarme que el

legajo se encontraba efectivamente archivado allí, la clase de William y su nombre completo.

Pedí ver la carpeta. Hacía falta una orden para que un desconocido accediera a un legajo. Me despedí agradecido y apurado por iniciar el trámite.

Durante la entrevista fumamos un Chesterfield, que el Mayor me convidó.

18- Secreto *revelado*

El Archivo General de la Nación es el reservorio más grande de testimonios y documentos de la historia del país.

Funciona en un edificio de proporciones palaciegas y de aspecto fantasmagórico, al que se accede por una puerta de hierro entreabierta que presagia el misterio.

Un señor comiendo una manzana atendía a los visitantes, y tuvo la gentileza de indicarme que lo primero era acreditarme en la oficina de seguridad, que ya había traspuesto.

Retrocedí, me registré, y regresé a mi lugar en la fila.

El Archivo está organizado en cuatro áreas. A la de imágenes, que era mi objetivo, acceden grupos pequeños de personas, de manera que los referencistas y el espacio para trabajar sean los adecuados.

Había lugar. El milagro no cesaba.

El ascensor me depositó en un hall al que no llegan la luz ni el sonido, decorado con un sillón que pudo ser histórico pero que era simplemente viejo, una escultura con un motivo ecuestre y un cuadro con la imagen de alguien.

Tomé hacia un pasillo en que se veía luz solar.

Siguiendo unos cartelitos adheridos con pegamento y buena voluntad, llegué hasta una puerta. Después de abrirla, tuve la sensación de estar atravesando el túnel del tiempo.

Las paredes tapizadas de ficheros, antiguas y hermosas mesas de madera, un mostrador, y detrás, hileras de estanterías abarrotadas de cajas dispuestas geométricamente conteniendo fotos. Muchas fotos. Todas las fotos, y quizás entre ellas, las de Baigorri.

Un hombre joven vistiendo un delantal blanco se acercó al mostrador con la mejor intención de atenderme.

Frente a su mirada imperturbable dije lo que buscaba. Una mueca comenzaba a dibujarse en su rostro, en parte por sorpresa, en parte risa, y en parte duda.

Me sugirió que hablara con una de las dos referencistas, una de las cuales, dijo, es historiadora.

Las dos mujeres llegaron al mostrador juntas y bien predispuestas. Comencé a contarles la historia sin lograr que se inmutaran.

De repente una de ellas dijo:

¡Si, ya sé quién es. Claro, Baigorri, el de la máquina de hacer llover! Buscá en ese fichero, el de allá.

Me aproximé al fichero como a un animal salvaje. Hacía muchos años que no me acercaba a uno.

Baigorri no estaba. La máquina tampoco. Estaba María Arminda, la esposa.

Tomé nota de la referencia y pedí la caja.

Nos miramos.

Adentro había varios sobres, uno de los cuales tenía escrito en el frente el nombre de aquella mujer. Me dieron guantes antes de abrir el sobre.

Así encontré las fotos que originalmente pertenecieron al archivo de la revista Caras y Caretas, y cuyas copias pagué con rollos de fotos, por indicación de la historiadora.

19- El coronel no tiene quien le escriba

Transcurridas tres semanas de espera, la orden a favor o en contra para ver el legajo de William Baigorri no llegaba.

Expliqué la situación a la oficina de Prensa del Ejército. Me invitaron a ir personalmente. Lo hice. Hablábamos con Federico, cuando se abrió una puerta e ingresó un oficial de mediana edad. El detalle no es menor.

Me presentaron al Coronel Gustavo Tamaño, Jefe de Prensa del Ejército. Comencé con el relato nuevamente, ahora frente a la mirada de ese hombre que, detrás de la cortesía que su función le impone, no podía disimular la sorpresa.

De repente me interrumpió y dijo:

¿Usted habla de Baigorri, el que hizo llover en Buenos Aires?
Si, ese mismo, respondí, como esperando que me acompañaran sin perder tiempo hasta la calle.

Si, claro, cómo no voy a saber quien es. ¡Baigorri, el de la máquina de hacer llover! Pero, dígame, ¿qué tiene que ver el Ejército?

El hijo era militar.

No me diga, ¿en serio?

Si, era Coronel cuando pidió el retiro, y de inmediato saqué del portafolios un álbum con fotos.

El coronel miró las fotos con el deleite de un recuerdo familiar, y ordenó que me acompañaran al archivo. Y así lo hicimos.

El legajo de William Francisco Baigorri, oficial del arma de Ingenieros, hablaba de un profesional destacado con excelentes calificaciones, y una carrera sistemática y sin sanciones, que truncó él mismo cuando le faltaba un grado para ser General.

En esos papeles estaba la ratificación de algunos datos que pasaron a ser considerados verdades, y la manera de individualizar a sus hijos, los nietos del ingeniero, de entre el cúmulo de personas con apellido Baigorri que viven distribuidas por el país.

20- Tren de recuerdos

Establecido el carácter protagónico de la empresa de Ferrocarriles en la historia de Baigorri, comencé a sospechar que el hombre a quien le asignaron la tarea de auditar las experiencias no podía ser cualquiera.

Otra vez una cadena de solidaridad terminó con un correo electrónico, en el que constaban un nombre y un teléfono.

Llamé.

Mi interlocutor me citó en un edificio en el barrio de Barracas, que visto desde afuera pasa inadvertido, o puede suponerse abandonado, sobre todo teniendo en cuenta el pasado fabril del barrio.
Toqué el timbre y esperé, de acuerdo al cartel de la puerta.
A los pocos segundos, la puerta de metal se abrió, y un empleado de seguridad me indicó el piso al que debía dirigirme y me preguntó si sabía llegar hasta el hombre con quien estaba citado, todo sin poder disimular que me esperaba una sorpresa.
Acceder al tercer piso de un edificio no parecía nada especialmente extraño. Lo extraño era el edificio.

Como en una película de la Segunda guerra mundial, atravesé un pasillo en cuyo piso había vías, hasta un gran patio a cielo abierto.
Todo era ruinas y viejas puertas con vidrio repartido, cerradas con candados.
A mi derecha se abría una pequeña puerta, dejando ver una escalera interior, en la que se amontonaban escombros y pequeños residuos. Grandes telas de araña decoraban las paredes y las ventanas.
Un cartel comunicaba la distribución de las dependencias de lo que hubiera sido ese lugar en reencarnaciones anteriores, y en el medio de la escalera, un ascensor.
En cualquier momento los soldados norteamericanos se cruzarían en un feroz tiroteo con los nazis huyendo, o los aviones bombardearían el lugar.
No había nadie.
Empecé a subir por la escalera, pero enseguida me di cuenta de que no iba a ningún lugar, que simplemente subía, por lo que bajé y miré mejor.
Había que llegar al tercer piso.
El ascensor tenía un botón pulsador, datable en una época más reciente que lo demás, lo cual me indujo a pensar que funcionaba.
Pulsé el llamador y algo empezó a moverse. Era el ascensor, que apareció frente a mí, para que abriera la puerta y me introdujera en su interior. La escena ya no era bélica. Ahora era de terror.
Antes de apretar el botón con un fatigado número 3, alcancé a imaginar cómo sería quedar encerrado, hasta que palpé mi teléfono celular.
Empecé a subir.
De repente el viaje por el hueco terminó, abrí la puerta y estaba en un hall como de una fábrica abandonada. Después supe que efectivamente lo era.
En una pared, una puerta metálica de dos hojas, tenía pegado un cartel autoadhesivo que anunciaba las oficinas del Ferrocarril Belgrano Cargas.
La abrí.
Había un pasillo de unos cincuenta metros. A los costados salones cerrados, identificados con nombres de oficinas técnicas que no correspondían al ferrocarril, y que evidenciaban el destino anterior del edificio.
Comencé a caminar hasta el final.
En alguno de los salones había muebles antiguos y viejos, y en otros, gigantescos amontonamientos de cajas con papeles.
En el pasillo, un poco más adelante, el paso estaba reducido por la presencia de más de aquellas cajas.
Llegué al final, que era una puerta. La abrí. No había nadie.
Comencé a volver sobre mis pasos, y en una de las salas, la más luminosa, parecía haber menos objetos. Miré por la ventana, y contra una de las paredes, justo debajo de un ventanal, había un escritorio de estilo y un hombre sentado en un sillón, trabajando en unos papeles.

Golpeé.

El hombre levantó la vista, intercambiamos unos gestos y entré.

Cuando llegué hasta él le dije quién era. Se paró y me mostró una mesa que desde afuera no se veía y que estaba cubierta por expedientes.

	Es este, me dijo. ¿Quiere verlo?

Lo tomé y efectivamente era el legajo del Ingeniero Hugo Miatello. Me llevó hasta otra mesa, rodeada por seis sillas.

	Siéntese, me dijo. Mirelo tranquilo, no hay apuro.

Me ubiqué y empecé a recorrer las hojas de la carpeta, que comenzaba con una ficha resumiendo las fechas significativas del legajo. El hombre me dejó solo en la sala. Habré estado así una media hora. Señalé lo que me interesaba y me puse a esperar a que el hombre regresara. Como si estuviera siendo observado, a los pocos instantes regresó.

	¿Y, le sirve?
	Claro que me sirve, quisiera copiarlo.
	No hay problema, ahora lo copiamos, dijo.

Antes de que pudiera salir de mi asombro, me contó que él era una suerte de sobreviviente de la historia del Ferrocarril, y que había sido el director del archivo desde antes que fuera privatizado, en la década de los noventa. A lo largo de los cambios de dueños, nombres y sedes, él se ocupó de que el archivo persistiera; como él mismo. Cerca de la puerta había una pizarra como para las órdenes del día, íntegramente tapizada de consignas elogiando a Boca.

Después tomó la carpeta del legajo y se fue.

Quedé solo en esa sala nuevamente, y empecé a observarla con más cuidado.

Estaba decorada con fotos y objetos como rescatados de una catástrofe. Una linterna, una señal, un instrumento de medición, en fin, partes de un naufragio.

Después me senté.

En un momento pasó alguien por el pasillo, pero pudo ser una sombra.

Finalmente el hombre volvió con la carpeta y las copias, que nunca supe dónde las hizo.

Hablamos del Ferrocarril, y me pidió que lo acompañara.

Tomamos por el pasillo hasta el hall por el que ingresé, y bajamos por la escalera, que a esa altura estaba igualmente abandonada.

En el piso de abajo, el hall estaba repleto de objetos incompletos y escombros. Abrió una puerta, y aparecimos en un salón en el que había más objetos a medias. Ficheros sin cajones, estanterías desarmadas, sillas sin patas y toda una colección de residuos.

Avanzamos.

En un momento giramos a la derecha, y aparecimos en otro salón, esta vez íntegramente ocupado por estanterías metálicas llenas de biblioratos.

	- Es el archivo de todos los recibos de sueldo de todos los empleados que tuvo el ferrocarril, me dijo.
	- Nos estamos mudando, porque el lugar en el que estábamos se vendió.

Comenzamos a recorrer el salón.

- Lo que vio afuera en el hall hay que acomodarlo acá. Todavía nos falta un poco.

El hombre iba soltando frases como en un subtitulado.

- El edificio está un poco caído –dije- como minimizando el estado ruinoso del
lugar.
- Si –replicó- si se quema se pierde todo, dijo mientras mirábamos un matafuego
roto.

Después me acompañó hasta la puerta.

¿Conoce la salida, no?

Le dije que si, le agradecí todo, y comencé a bajar.

- Cualquier cosa, avíseme, dijo Juan Scrugli desde arriba, y me deseó suerte.

En cada descanso de la escalera, fui apareciendo en salones igualmente abandonados,
con puertas cerradas con candados y la misma sensación onírica del principio.
En uno de los pisos, pude ver lo que parecía un baño.
No había puerta y entré.
Había algunos artefactos sanitarios actuales, e instalaciones de agua provisorias, pero
todo estaba abandonado, como si quienes lo construían hubieran tenido que escapar de
apuro.
Retomé la escalera, y llegué al final, que era una pared, como si la escalera no llegara a
ninguna parte. La salida estaba detrás de mí, y enseguida estuve en el punto de partida.
Si recorría el pasillo del principio, en cuyo piso había vías, llegaría hasta el portón de
calle y estaría afuera.
Pero no lo hice.

21 - Tren fantasma

Estaba por hacerlo cuando la curiosidad me llevó a mirar un poco más detenidamente el
patio en el que me encontraba.
Durante el tiempo que estuve con el hombre del ferrocarril, habían aparecido dos
camiones que el Gobierno de la ciudad utiliza para transportar materiales.
Yo seguía mirando el lugar, cuando aparecieron dos hombres elegantes y apurados, con
los que intercambié un saludo de cortesía, y se introdujeron por la puerta de la escalera
que yo recorrí al llegar, con la naturalidad de quien entra al subte.
Miré nuevamente la puerta, y había un cartel indicando que en ese mismo lugar
funcionaba el Museo del Cine.
Segundo piso.
Subí.
Contando descansos supuse que había llegado, y en medio de los escombros y de los
objetos imposibles que ocupaban el piso, observé una pila de latas de películas junto a
una puerta.
Me acerqué, cuidadosamente abrí la puerta y entré.

Un empleado de seguridad me preguntó qué buscaba, y no me fue sencillo responderle.
Me hablaba con una naturalidad absoluta, como si la escena de destrucción que nos
rodeaba fuera un decorado.
En medio de mi explicación apareció un hombre joven, con la apariencia de trabajar en
ese lugar. Lo abordé, y le pregunté por registros fílmicos de 1938. No me atreví a
mencionar a Baigorri. No en ese contexto.
Inmediatamente fui llevado a una oficina, donde consultamos una computadora
conectada a sí misma, y el resultado fue negativo.
Sin desanimarse, y como si se hubiera tratado de un trámite indispensable, el joven
levantó la vista y me dijo que preguntara por Susana en la puerta de enfrente.
Salí de su oficina, llegué a la puerta señalada y golpeé.
Una voz me indicó que pasara.
Adentro, había unos escritorios y unas máquinas de edición de films.
Con un tono entre autoritario y cansado, un hombre le enseñaba a otro cómo empalmar
películas.
En un escritorio, una mujer me preguntó qué buscaba.
Le dije.
Se puso de pie, y fue hasta un fichero.
Mientras recorría las fichas de cartulina, levantó la vista y me informó que ellos eran los
depositarios del material de "Sucesos Argentinos", que el fichero que estábamos usando
era el original, y que estaban transcribiendo todo a DVD.
Le hablé de Baigorri, pero no pareció importarle.
Se detuvo. Lo que buscábamos no estaba, faltaba. Solamente eso faltaba.
Enojada, fue a buscar una capeta en la que debía estar el índice del material que ya
había sido copiado.
Todo señalaba que en un videocasete podía estar.
Comencé a ilusionarme con la posibilidad de encontrar imágenes de Baigorri en
movimiento, Baigorri vivo, y llegué a preguntar si era posible hacer copias, y ella me
dijo que si, mientras descubría que los videocasetes estaban mal rotulados, que el índice
estaba incompleto, y que estábamos en manos del azar; más o menos.
Guiada por su intuición, la mujer encendió un televisor y una videograbadora, y me
indicó que me sentara y comenzara a recorrer la cinta.
Lo hice.
Así llegué al final sin haber visto a Baigorri.
Me retiraba, cuando de manera casi deportiva pregunté quién era el Director.
La mujer me miró, y me pidió que la siguiera.
Recorrimos pasillos, abrimos puertas, sorteamos algunas pilas de objetos indescifrables,
y llegamos a un lugar que tenía el aspecto de haber sido una oficina administrativa.
Se me indicó esperar, y la mujer se introdujo en otro cuarto, separado por una puerta.
Durante los minutos que duró mi espera, observé que el piso había sido modificado en
un pasado no muy lejano, a juzgar por las cerámicas, y que el lugar se calentaba con
estufas alimentadas por caños de gas flexibles, los que están expresamente prohibidos,
sujetos por su propio peso.
Cajas eléctricas sin tapa, un cuadrito viejo y algunos imperturbables muebles.
De repente la mujer volvió.

   El es el Director, pase.

Como parte de toda la fantasía que estaba viviendo en ese edificio desde que llegara, ahora me encontraba frente al Director del Museo del Cine, en esa especie de despacho en la clandestinidad, que reforzaba el carácter cinematográfico de todo el recorrido. Nos miramos.
Le expliqué que había llegado casi sin querer dos horas antes, y que un cartel me llamó la atención y que por eso decidí volver a ingresar.
Comencé a recibir explicaciones que no necesitaba, y ese hombre amable y preocupado como si hubiera sido descubierto desnudo, daba perfectamente el *fisic du rol* de un oficial nazi en medio de una Berlín bombardeada y asediada por los aliados, imagen que no podía dejar de suponer.
Cada uno le hablaba a otra persona de otro tema, y cuando terminamos, lo saludé y me fui, esta vez con la firme decisión de llegar a la calle.
Cuando llegué al portón, el empleado de seguridad no estaba, pero la puerta podía abrirse.
Mientras caminaba hasta la calle Hornos, me pareció escuchar risas, pero seguí caminando, total, si ellos tenían la máquina de Baigorri seguro me la hubieran negado.
Esa puerta existe, y está en la calle Feijoo 555.

22- Esa mujer

Descubrir que la esposa de William se llama como mi esposa fue una revelación que se sumó al hecho de que Baigorri fue sepultado el Día mundial de la Meteorología, que llovió y que es mi cumpleaños.
Ella y yo nos asombramos de esa y de otras coincidencias. Después hablamos de su suegro, de su esposo y de ella misma.
Fanny Alexander es una mujer inteligente y de juicios taxativos.
A pesar de haber sido consultada en otras ocasiones, tuvo la delicadeza de hacerme sentir que estuvo durante años esperando que la descubriera.
Ella me ofreció una visión personal de Baigorri, datos, detalles y el acceso a su hijo menor, con quien vive.
Alejandro Daniel Eduardo Baigorri es el hijo de William y el nieto de Juan Pedro, el de la máquina de hacer llover, claro.
Para mí, ahora esa frase es parte del nombre.
Alejandro es analista de sistemas y padre de una mujer nacida en 1995, cuya hermana gemela se fue al nacer. Alejandro se reconoce portador del estigma familiar, pues su abuela padeció la misma pérdida antes de alumbrar a su padre.
A pesar de no haber perseverado en la profesión de su padre, puede notarse la marca del espíritu castrense en su trato.
Con la ayuda de Alejandro pude arrojar luz sobre algunos aspectos de la vida de su abuelo, y pude también, clausurar definitivamente otros.

23 – En el nombre del padre

Desde el momento en que supe que Baigorri se había casado dos veces, e independientemente de las circunstancias, tuve también la idea de que debía haber más hijos, correspondientes al primer y casi secreto enlace.

Tanto el hijo de William con quien había hablado, como su madre, la nuera de Baigorri, deslizaron que esa gente existía, pero sin detalles, como por ejemplo cuántos eran los otros hijos del ingeniero, con quienes nunca tuvieron contacto, trato ni noticias.
Más adelante, una versión indicaba que del matrimonio con Camila Maquieira habían nacido tres hijos, dos mujeres y un varón.
Sólo en el expediente de la sucesión, cuyo trámite obligó incluso a rectificar el acta de defunción de Baigorri podría encontrarlos.

24 - Hombres de ley

Mientras compartíamos un sándwich de miga en una reunión social, pude contarle al Dr. José Tregob las dificultades que estaba padeciendo por llegar hasta el expediente de la sucesión de Baigorri.
Repentinamente comprendí que el abogado no tenía por qué saber quién fue Baigorri. Estaba equivocado.
Portador de una vastísima cultura, y de un voraz apetito por saber, el Doctor Tregob sabía.
Él hizo posible el acceso a esos documentos, indicándome el lugar exacto en el que se encontraban, lo que me permitió ordenar los datos de la vida de Baigorri después su vida.
Era el final de la investigación, el cierre de un trabajo de meses, en cuyo transcurso fui urdiendo tesis que, en algunos casos resultaron falsas, y en otros me condujeron por caminos más o menos serpenteantes hasta dar con la verdad.

25 – Será justicia

Ignorante del mundo judicial, la generosidad del Dr.Tregob me permitió dar con el edificio en el que funciona el Juzgado Nacional de Primera Instancia en el que se tramita la sucesión de Baigorri.
Hice cola para tomar el ascensor, y finalizado el viaje vertical, aparecí en un gran hall en el que diferentes puertas iguales son, cada una, un juzgado.
Lo pasajeros del ascensor comenzaron a perderse por los pasillos, caminando con el paso firme de quien se dirige a cumplir con una gran tarea.
Todo sucedía en silencio.
Comencé a buscar el número de mi juzgado en los cartelitos adheridos a cada una de las puertas, en las que había una prolija hilera de personas esperando su turno.
Intercepté a una abogada y le pregunté. Me indicó que buscara en un mapa pegado a la pared. Junto al mapa estaba la puerta que buscaba.
Me puse en la fila.
Mientras esperaba mi turno, aproveché para observar cómo se realizaban los pedidos, a medida que la fila avanzaba y se llegaba a un mostrador.
Cuando fue mi turno, dije con seguridad, como sabiendo lo que estaba haciendo:

-   "Baigorri, Juan Pedro sobre sucesión"

Magdalena me miró, y asintió. Buscó en uno o dos lugares, y blandiendo una carpeta me indicó que pasara detrás del mostrador.
Lo hice.

Comencé a recorrer las hojas de la carpeta, que en ese lugar llaman fojas del expediente, y pude comprobar que muchas cosas que supuse eran ciertas, y pude además, enterarme de otras.

Mientras tanto, intercambiamos algunos comentarios con Magdalena que seguía atendiendo abogados.

Se hizo la hora del cierre y tuve que irme, por lo que volví al día siguiente para terminar mi lectura. Como en un ensayo de actuación, repetí todos los pasos hasta llegar al mostrador, y a pesar del azar, tuve la suerte de que me volviera a atender Magdalena, que sin mediar una palabra, me indicó que pasara detrás del mostrador, para retomar la tarea con el expediente que ya estaba en un escritorio.

Eran casi las dos de la tarde, cuando Magdalena Arrotea Molina supo que Baigorri era el inventor de la máquina de hacer llover, y que yo no era abogado.

Hablamos de Baigorri y después me fui, con la alegría casi infantil de no haber necesitado nada más que el nombre del Baigorri para que se obrara el milagro.

Como al principio.

Epílogo

"Si un hombre atravesara el paraíso en un sueño y le dieran una flor como prueba de que ha estado allí, y si al despertar encontrara esa flor en su mano... ¿entonces qué?"
S.T. Coleridge finales del s. XVIII y principio del XIX

Sometida a la mirada científica actual, la historia del Ingeniero Juan Baigorri tiene el sello inocultable de la mezcla de romanticismo, locura y magia que otras tantas historias han tenido a la lo largo del tiempo. La clave está en que, paradójicamente, para que una historia de este tipo sea considerada mágica, debe basarse en un hecho científico.

En esa cláusula se encuentra la diferencia entre la Fe y una promesa.
En el primer caso, se trata de creer, digamos simplemente, pero en el segundo se ofrece la garantía de que algo sucederá.
El garante suele ser la ciencia, que exige a la promesa ser repetible y explicable, y a su vez ofrece a cambio la certidumbre de una verdad.
De no ser satisfechas las demandas de la ciencia, la promesa puede sufrir dos destinos: convertirse en una mentira o no perdurar como promesa.

Desde otra perspectiva, el juego entre la promesa y la manera en que se resuelve, es uno de los mecanismos psicológicos que explican el chiste: para que produzca risa, un hecho debe mostrar una situación real con un final inesperado, o si se quiere, imposible.

En nuestros días, tomar en serio a la máquina de hacer llover representa un esfuerzo mental importante, sin duda.

Para lograr una situación equivalente, habría que imaginar que mañana apareciera en los diarios un químico (no un médico), que dijera, por ejemplo, poseer la vacuna contra el cáncer, y que el Gobierno auditara la administración del producto y que efectivamente la enfermedad se curara.
Habría que imaginar también, que el químico se negara a explicar cómo fabrica la droga, y que solamente él la administrara.
Habría que imaginar, finalmente, que muriera en un gardeliano y oportuno accidente de aviación, y que no quedara documentado su trabajo ni muestras de la sustancia.

El ejemplo no es fortuito. En la Argentina sucedió algo similar.
La Crotoxina, una droga supuestamente capaz de curar cualquier cáncer, fue anunciada en los años ochenta e inmediatamente desató la polémica.
El debate lo llevaron a cabo dos grupos bien delimitados: por un lado las autoridades, que negaron la utilidad de la droga, y por el otro, un grupo de pacientes empeñados en obtener el reconocimiento de la sustancia.

La sociedad en su conjunto asistió a la discusión, desarrollada de manera más o menos futbolística. El Gobierno encaró una investigación de la que se desprendió la inocuidad de la droga, y se sugirió a los pacientes que no abandonaran los tratamientos que llevaban adelante. Luego se dejó a cada uno en libertad de acción.
Como en el caso de Baigorri, la artillería argumental de cada bando incluyó intereses internacionales políticos y económicos, conspiraciones, patriotismo y simpatías.

Víctimas de sus propias pasiones y de la enfermedad, todos los miembros de esa comisión fallecieron, dejando el veredicto en manos de los hechos, cuyo fallo inapelable fue categórico. Los pacientes resultaron ser, también, víctimas de un fraude con derivaciones comerciales.
Los porteños, y los argentinos en general, recordarán probablemente aquella polémica; algunos la recordarán especialmente si la promesa los afectó en lo personal.
A los sobrevivientes de las guerras les ocurre lo mismo.

La historia de Baigorri es distinta y quizás Baigorri sea el maestro que propone Borges en *"La rosa de Paracelso"*, capaz de obrar el prodigio, y reclamando –solamente- que le creyeran.

Probablemente el misterio de Baigorri, el de su máquina de hacer llover más precisamente, se resuelva si se pueden resolverse algunos de sus enigmas:

¿Era verdadera la máquina? ¿Cómo funcionaba? ¿Hacía llover realmente?

Sin los planos, sin descripciones, sin bibliografías específicas, sin herederos de la técnica, es muy difícil tomar partido más que apelando a los hechos, y a los sentimientos que los hechos despiertan.
El innegable atractivo que ofrece un hombre que, en la soledad de su trabajo, descubre que la máquina que usa produce lluvias, y que decide ofrendar ese secreto a quienes necesitan agua, solamente a cambio del reconocimiento, es de un romanticismo único, casi perfecto.

Hay, por otro lado, evidencias de que Baigorri existió y de lo que hizo; de sus lluvias.
Y hay también, la inexplicable maraña de informaciones falsas (o equivocadas) respecto de su vida, que aunque pudieron ser en su mayor parte descifradas, todas ellas aportan a la causa del misterio.

Muchos querrán obtener de una biografía la verdad, un juicio, una respuesta.
No es el caso. No creo que corresponda.
El libro que estás terminando de leer va en la dirección contraria, quiere que perdure la pregunta.
¿Baigorri hacía llover?

Por alguna razón que también desconocemos, los hombres necesitan certidumbres como de horóscopo.
La sola posibilidad de que exista una máquina de hacer llover, capaz de disolver el enigma de la lluvia, de convertirlo en una certeza, despoja a la lluvia de su atributo mágico, le roba su imprevisibilidad, la hace real.
Es un fenómeno de pérdida de ingenuidad, de cancelación de la infancia; frustra y es frustrante.
La lluvia es uno de los pocos fenómenos misteriosos del cielo, y aunque ya se encuentre disponible todo un arsenal técnico para poder predecirla, sigue cayendo del cielo, y se trata sin duda, de uno de los más concretos vestigios y prueba del carácter mágico de la conciencia humana, y una de las pruebas más eficaces del modo en que la ciencia lucha por cancelar la niñez que subyace en la ingenuidad (y la impotencia) del hombre, enfrentado a los elementos.

La lluvia es magia en estado puro.
La magia es ilusión, y la ilusión es esperanza de que hay otra realidad: para entenderla y para dominarla (eso es también la ciencia) o para combatirla.
No es fácil aceptar la muerte de un ídolo como la lluvia.

Mucha gente ignora que la televisión alguna vez fue en blanco y negro, y sin embargo esa misma gente sabe qué es un paraguas, porque lo sigue usando.

Si se puede hacer llover a voluntad, mañana se podrá anular la luna, y semejantes cosas no convienen. Tal vez que exista Baigorri no conviene, y entonces la misma necesidad de magia que desata la polémica acerca de su máquina, es la que cancela su memoria y su recuerdo, y aunque muchos saben que existió, prefieren que no sea, y se amparan en la indulgencia del tiempo, que diluye los recuerdos y sus consecuencias.

Quizás la máquina no se haya perdido y alguien en algún lugar le regale a una mujer o a un chico esa lluvia necesaria para que un plan se cumpla, o para que no se cumpla, que finalmente es el cumplimiento de otro plan.

Hoy se habla de la memoria de las máquinas con la misma facilidad que en su época se recibían noticias de la guerra.
Los huracanes con nombre propio conviven con las tormentas perfectas, las sequías y los satélites meteorológicos, mientras alguien en algún lugar, guarda una caja de madera con las letras B.V. grabadas en su tapa, y la mira o se reconforta con tenerla, y con una sonrisa burlona o una mueca como de recordar una victoria, sabe que con esa máquina Baigorri hacía llover.

Buenos Aires, octubre de 2007

El Mesón de Hierro es un objeto mítico.

Se trata de un meteorito de enormes proporciones caído en épocas prehistóricas en una zona actualmente denominada "Campo de cielo", entre las provincias argentinas de Chaco y Santiago de Estero. La gran cantidad de objetos caídos del cielo encontrados en esa zona explican y justifican su nombre. La búsqueda del Mesón, comenzó con los conquistadores españoles, cuando observaron hierro en las puntas de las flechas y en las boleadoras utilizadas por los nativos, que a la sazón no conocían la metalurgia.

La posibilidad de evitar la penosa tarea de importar hierro desde España para elaborar y reparar armas, decidió la primera expedición a la zona, organizada en 1576 por el Gobernador de las Provincias del Tucumán, Capitán General don Gonzalo Abreu y Figueroa, que ordenó al Capitán de Campo Mexía de Miraval que localizara la fuente de hierro.

La localizaron.

Desde ese momento hubo muchas otras expediciones.

Por ejemplo, la de 1783 ordenada por el Virrey de Buenos Aires, Pedro de Cevallos, que excavó alrededor del objeto y determinó que se trataba de una masa metálica aislada y no de la afloración de una veta subterránea.

A esa expedición se la responsabiliza por la desaparición del "Mesón de Fierro", debido a las explosiones que realizaron en la base donde se apoyaba. El meteorito quedó sepultado a muy poca profundidad, pero nada se sabe de el desde hace 221 años, si es que existe.

En 1923 el Dr Juan José Nágera se desempeñaba como Jefe de la Sección geología de la Dirección General de Minas e Hidrología. Su investigación aportaró por primera vez datos científicos sobre el fenómeno.

Desde ese trabajo en adelante, fueron descubiertos muchos objetos, todos ellos de no menos de una tonelada de peso, y rigurosamente bautizados. Algunos fragmentos se exhiben en museos del mundo.

[2] La Historia de los Ferrocarriles en general, está muy ligada a la Argentina de la mitad del siglo XIX hasta su nacionalización. No sólo fueron los ingleses quienes diseñaron y construyeron el modelo que tiene a Buenos Aires como el punto de partida y de llegada de productos (que el tren distribuía), sino que por la magnitud de la organización, la empresa contó entre su plantel, con personalidades destacadas en diferentes ámbitos. Por ejemplo, en 1905 se incorporó a la Oficina de Asuntos Legales del Ferrocarril Central Argentino (el mismo en el que trabajaba Miatello), el Dr. Raymond Wilmart, un abogado belga que había sido enviado por Carlos Marx a Buenos Aires a finales de 1872, con el objeto de explorar el estado del movimiento obrero Argentino. Wilmart finalmente concluyó que la izquierda era inviable en la Argentina. Se alejó de la militancia, se casó vivió en Mendoza y en Córdoba, tuvo seis hijos (dos varones y cuatro mujeres) y fue Profesor universitario y juez.

Una de sus hijas, Clara, se casó con Antonio Podestá. Un hijo de esa unión fue Jerónimo Podestá, quien como Obispo de Avellaneda, fue fundador de la Pastoral Obrera en la Argentina, y luego dejó los hábitos para casarse con Clelia Luro. Muy diferente fue el camino que tomó Raimundo, hermano del sacerdote, que como economista integró los equipos técnicos de José Alfredo Martinez de Hoz. (Tarcus, H. Marx en la Argentina – ed. Siglo XXI – 2007)

[3] Caras y Caretas comenzó a circular en Buenos Aires el 8 de octubre de 1989, el día en que Juan Domingo Perón cumplió tres años.

Se trató de la revista política y de actualidad más moderna de su tiempo, tanto por su contenido, por la manera de abordarlo como por la tecnología utilizada en su impresión.
La idea original de la publicación fue de Eustaquio Pellicer, un español radicado en Montevideo que la había lanzado en esa ciudad en 1890.
En 1898, Bartolomé Mitre, hijo del ex presidente argentino y fundador del diario La Nación, le propuso editarla en Buenos Aires.
Por cuestiones políticas de índole diversa, ni Pellicer y Mitre (h) estaban en condiciones de aparecer públicamente como responsables del emprendimiento, por lo que recurrieron al entrerriano José Sixto Alvarez, mejor conocido como Fray Mocho para que fuera el director.
Era un semanario que aparecía los sábados. De sus 24 páginas, un cuarto era ocupado por publicidad. Tuvo un precio de tapa inicial de 25 centavos, que poco después se redujo a 20, y que se mantuvo constante durante los cuarenta años en que se publicó.
Una idea clara de la magnitud de Caras y Caretas es la cifra de cien mil ejemplares que llegaron a editarse. El último número fue el 2319, que salió a la calle el 17 de octubre de 1939.
A pesar de las efemérides peronistas, la revista y el peronismo vivieron épocas distintas.

[4] El diario Crítica apareció en Buenos Aires el 15 de septiembre de 1913.
Constaba de ocho páginas de gran tamaño, tres de las cuales estaban dedicadas a las carreras de caballos, y su precio de tapa era de 8 centavos.
Su historia está inevitablemente ligada a la figura de su fundador, Natalio Felix Botana, un uruguayo como Pellicer el fundador de Caras y Caretas, que llegó a la Argentina en 1911 con 23 años de edad y sin un peso. Comenzaba su exilio después de haber participado, mediante las armas, de diferentes procesos políticos en su país, y de haber sido derrotado su bando.

Al llegar a la Argentina, su idea era fundar un diario que se diferenciara claramente de los demás, que fuera moderno y masivo, especulando con la gran cantidad de público que significaban los inmigrantes y sus hijos, que asistían a la escuela pública y por lo tanto, leían y escribían.
Los primeros años de ese diario popular que aspiraba a financiarse por medio de la publicidad no fueron fáciles, pero en 1923 llegó a vender 75.000 ejemplares.
Botana apoyó política y materialmente a los republicanos durante la Guerra Civil Española, y apoyó también el golpe de estado contra el Presidente Hipólito Yrigoyen.

Introdujo cambios paradigmáticos respecto de los diarios en general, abriéndolo al fútbol, la literatura de vanguardia, convocando a personalidades como Homero Manzi, Jorge Luis Borges, Enrique y Raúl González Tuñón, Conrado Nalé Roxlo, César Tiempo y produciendo el legendario suplemento "Revista Multicolor de los sábados", dirigida por Jorge Luis Borges y Ulyses Petit de Murat, que aunque duró un año, se convirtió en un modelo fundacional de periodismo cultural.
Hubo historietas, tango y el tratamiento amarillista de la crónica policial, con lo que más que innovar en el género, lo crearon.

Mientras tanto, Botana de la mano del éxito de su diario, se convertía en uno de los personajes centrales de la vida política y cultural de la Argentina de las décadas del 20 y el 30.
En su casa quinta "Los granados" en la localidad de Don Torcuato, Botana instaló el eje de su historia, que incluyó el casamiento con Salvadora Medina Onrubia, una suerte de Victoria Ocampo de la izquierda, del anarquismo más precisamente, nacida en la ciudad de La Plata un 23 de marzo (día mundial de la meteorología y sepelio de Baigorri) y con quien tuvo dos varones y una mujer, aunque el primero no le perteneciera.
Botana excéntrico, disponía de una biblioteca enorme, integrada por libros comprados en remates en Europa (de la pre guerra), alfombras de pieles de animales, un Rolls Royce, habanos importados y cognac del mejor. Tuvo amantes como la bailarina Josefine Baker y un mural en el sótano de su residencia, pintado por el plástico mexicano David Siqueiros durante su exilio, realizado con la

ayuda de Antonio Berni, Juan Carlos Castagnino y Lino Spilimbergo.

El 7 de agosto de 1941, Natalio Botana viajaba en auto por Jujuy, cuando se mató en un accidente.
Su desaparición significó el comienzo del fin de Crítica.
Con suerte dispar, el diario siguió editándose, hasta que una mezcla de necesidad política y
ambición llevó al gobierno peronista a intervenirlo por el ministro de Información, Raúl Apold, y a
la expropiación de los edificios del diario y de sus máquinas.
EL 30 de marzo de 1962 fue el último día de Crítica.

[5] Inmediatamente después de su retiro, el Departamento de Fomento Rural fue disuelto.
Sabemos que la jubilación le fue concedida, y que litigó durante un tiempo para obtener el beneficio
de una suma de dinero que la empresa inglesa entregaba a quienes se retiraban del servicio, a modo
de indemnización y agradecimiento, y luego por obtener una jubilación privada, con que la empresa
también favorecía a sus empleados en situación de jubilarse. Miatello se había adherido,
independientemente de lo que reclamaba a los Ferrocarriles, al reciente sistema de jubilación
estatal, y aportaba rigurosamente.
Luego de varias idas y vueltas administrativas, logró una suma de dinero y nada más se supo de él
hasta varios años más tarde, cuando solicitó ser reincorporado. Ofreció su trabajo ad-honorem, pero
ni siquiera de esa forma fue aceptado, de acuerdo a una notificación llegada desde Londres referida
a su pedido.

[6] Contrariamente, se trataba de un marino militar de larga trayectoria, reconocido
internacionalmente por sus gestos caballerescos, y por no contabilizar víctimas civiles a lo largo de
su campaña de hundimiento de barcos mercantes.

[7] Los restos del barco quedaron semi sumergidos, debido a la poca profundidad del río, que
lentamente lo fue enterrando.
El lugar del naufragio siempre fue conocido, y el 10 de febrero de 2006, un equipo de investigación
integrado por particulares y el gobierno uruguayo extrajeron el mascarón del barco; un gran águila
de bronce de 400 kilos de peso.
En 2007 murió Gustav Friederich Quick, quien a los 89 años era el último de los tripulantes vivos
del Graf Spee. Vivía en Uruguay.

[8] Mesmerismo era el nombre de la técnica terapéutica ideada por el médico francés Franz Mesmer,
según la cual la capacidad magnética de algunos metales era capaz de curar diversas enfermedades.

[9] Richter fue separado del cargo, se le quitaron el pasaporte argentino y las condecoraciones
otorgadas, y se trasladó con su familia a la localidad de Monte Grande, en el Gran Buenos Aires,
donde vivió hasta su fallecimiento, en 1992.

[10] En 1955 se produjo el golpe de estado que derrocó al gobierno de Juan Domingo Perón
(conocido como Revolución Libertadora). William Baigorri, el hijo del ingeniero, ya era un oficial
del ejército.
Sin testimonios ni documentos, puede suponerse que William era parte del bando de los azules, (la
facción legalista que, comandada por el General Onganía, terminaría derrocando en 1966 al
Presidente Illia) contra los colorados.

La especulación se apoya en el hecho de que los colorados, derrotados, fueron objeto de severas
purgas en cada una de las fuerzas.
Luego del conflicto, William prosiguió su carrera ascendente en el Ejército.

[11] Producida la caída de Rosas, Vélez Sarsfield, que era unitario, tomó parte en las tratativas previas
al Acuerdo de San Nicolás. Participó de las discusiones sobre el rol que debía asumir Buenos Aires
ante la propuesta constitucional sostenida por el interior del país, encabezado por Justo José de
Urquiza.
Bartolomé Mitre le encargó la redacción del Código Civil, en la búsqueda de enmendar una falencia
del país que, en términos generales, se seguía manejando con los códigos de Indias.
Dalmacio Vélez Sarsfield se retiró entonces a una quinta en las afueras de Buenos Aires y se dedicó
a la redacción de su obra que se conocería como Código civil, redactado para la Provincia de
Buenos Aires, y luego nacionalizado.

[12] Hay, sin embargo, registro de un antepasado militar, presuntamente bisabuelo del ingeniero.
Su nombre era Gabriel, y de acuerdo con algunas versiones fue miembro de las huestes del General
José de San Martín, y según otras participó de la Guerra del Paraguay. La misma voluntad que
fraguó los datos vitales de Baigorri, probablemente sea responsable de la confusión que terminó por
introducir en su historia el nombre del General Roca.

[13] El jus sanguini es el concepto jurídico según el cual las personas son "hijas de la sangre", o sea,
que su nacionalidad será la de sus padres, independientemente del lugar de nacimiento. Los países
nórdicos y sajones lo utilizan mayoritariamente, y en el origen de la idea probablemente subyace el
carácter nómada de los primeros miembros de esos pueblos, contrariamente a la idea racista que
algunas interpretaciones actuales pretenden aplicar para su justificación. Por su parte, el jus soli,
más frecuente en países latinos y americanos, sostiene que las personas son hijas de la tierra, o sea
que la nacionalidad es la del país en donde ocurriera el nacimiento.

[4] Ver cuadro genealógico.

[5] Juan Salaberry fue un consignatario de hacienda que donó los terrenos para la construcción de una
plaza o un hospital en el barrio de Mataderos. El hospital funcionó entre los años 1915 y 1981,
cuando fue demolido y su personal trasladado al nuevo Hospital Santojanni, que anteriormente
estaba dedicado exclusivamente a la tisiología. Juan Salaberry no debe confundirse con Domingo
Salaberry, ex ministro de economía que se suicidó en 1923.

[6] En realidad se trata de un tecnicismo, consistente en poner en evidencia la existencia de un
matrimonio anterior. Si Baigorri estaba casado previamente con Camila, no podía ser viudo de otra
mujer, aunque para el momento en que se ordenó la rectificación de la partida de defunción, ambas
mujeres habían fallecido, y obviamente Baigorri también.

[7] He omitido los detalles del informe llegado desde Santiago del Estero por pedido expreso del
representante de una de las partes. El bien en cuestión, carente de valor comercial, fue adquirido por
Baigorri durante su segundo matrimonio y reclamado como herencia por los hijos del primer enlace.

[8] Los cuatro hijos de Baigorri fallecieron:

Juana Camila, en 1988
Juan Pedro (h), en 1990
Luisa Etelvina, en 2001
Y William Francisco, en 1998

La sucesión, aún no finalizada, sigue delante por cuenta de algunos de los nietos del ingeniero. Sus nombres y datos filiatorios fueron omitidos ex profeso.

Baigorri hacía llover

Imágenes

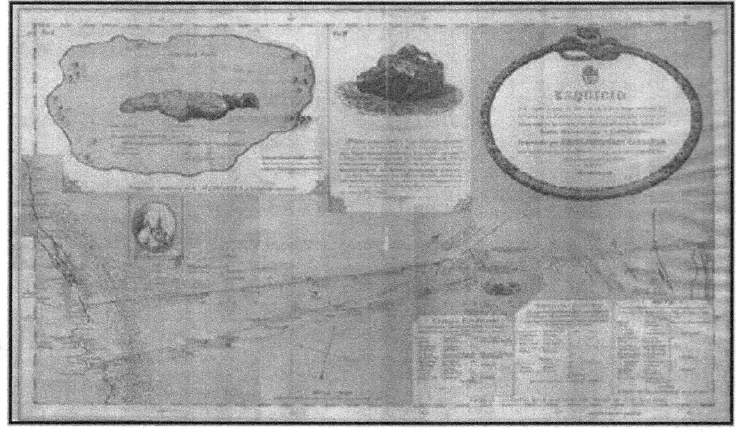

Mapa realizado por Ángel Justiniano Carranza en 1883, que reúne y compila las rutas seguidas por expediciones anteriores hacia el *Mesón de Fierro*

Esquela publicada por el diario Crítica, en la que Baigorri prometió hacer llover sobre Buenos Aires el 3 de enero de 1939.

El Apasionante Tema de la Ciudad Sigue Siendo la Lluvia de Baigorri

DESDE cuando el ingeniero Baigorri anunció públicamente que haría llover del dos al tres de enero, para dar prueba indubitable de la eficacia de su invento, los tres millones de habitantes que tiene la Capital miraron silenciosamente a la altura. Al par que se deseaba la lluvia, se temía que la lluvia se produjese, pues el invento tenía cierta sugestión de brujería. Fueron varios días de verdadera inquietud en que cada ciudadano musitaba como un "mea culpa": ¿lloverá? ¿No lloverá?

Ahora las cosas han cambiado. Los ojos descienden a la tierra, y, ya salidos de la ansiosa expectativa, comienza la discusión entre las gentes. Denominemos el día de hoy como el de la discusión, aquel en que, disipado el asombro, se recobra la palabra y se inicia el análisis. No hay habitante de la Capital sin concepto formado sobre el invento. El Ingeniero criollo lo utiliza intencionadamente. Quiere decir que es el suceso que preocupa, que se discute, del que se duda o confía. El aparato de hacer lluvias es hoy tan divulgado como el huevo de Colón, a pesar de ser bastante menos antiguo.

Tres de enero: discusión

EL apasionante tema de las lluvias artificiales, por significar un universal anhelo y también por su aspecto de hecho fabuloso, ha catequizado todas las conversaciones. A pesar de ser un acontecimiento que a todos beneficia, ha provocado una especie de animosidad ambiente, de tirantez hasta entre hermano y hermano. No sabemos si a causa del tiempo bochornoso o de la divergencia de ideas. Lo cierto es que no se habla con serenidad del asunto. O se cree a pies juntillas o se rechaza con encono. Por eso es reconfortante acercarse a la gracia popular que, con el nombre de Baigorri, ha confeccionado ya una serie de frases que todos conocemos. Apenas una nube cruza el cielo, se oye exclamar hasta a los pibes:

—Desenchufá Baigorri.

Y cuando alguien inicia una oración en la que abunda lo imaginativo, se dice:

—Contente, no baigorriés.

Y así muchas otras expresiones con las cuales llegamos a la conclusión de que [ilegible]

comenzaron a llover los comentarios. Unos manifestaban que habían esperado lluvia torrencial, y otros, que sin duda las nubes se habían cansado de recibir órdenes públicamente y se resistían. Alguien tomó la palabra, como si hiciera cátedra, para decir:

—Duden o no, pero la verdad es que han quedado cosas establecidas con carácter más o menos permanente: ellas son las nubes de Baigorri y los chaparrones del mago de Villa Luro. ¿Acaso hay quién dude de que esas nubes penumbrosas, que avanzaban pesadamente para quedar detenidas sobre el cielo de la ciudad, no son las nubes de Baigorri? Sí, era como si llevaran en uno de los costados el "Made in Villa Luro". En cualquier parte del mundo que viera esas nubes las reconocería. Tenían aire de catarata emboscada, pronta a desembozarse y llover. ¿Y los chaparrones del mago? Dijo que llovería del 2 al 3, y en plena madrugada del 2, con apuro por cumplir la promesa, cayó el chaparrón más largo de la serie. A mí no me compliquen las cosas diciendo que no es cierto lo del invento. Yo vi las nubes que atrajo el aparatito, y vi, también, llover. Para muestra basta una lluvia.

Baigorri, el hombre del día

MERCED a la "onda criolla" el ingeniero se ha convertido en hombre del día. Desde el modesto altillo de su casa, improvisado laboratorio, se ha ganado la atención de todo el mundo. Y pensar que él sólo mira al cielo, que de quienes quiere llamar la atención es exclusivamente de las nubes y los vientos. Pero es lógico que levante curiosidad y asombro el acontecimiento de que exista en la tierra un hombre que maneja las cosas del cielo. Ello había ocurrido en los mitos y en las leyendas. Pero la realidad permanecía huérfana de tales acontecimientos. De un hombre así era fácil esperar el descubrimiento de por qué nacemos y porque morimos. Es decir que adquiere para las gentes la categoría de lo misterioso, el prestigio de la alquimia. Era bien justo que se convirtiera en el hombre del día. Y la multitud, deseosa de tener [ilegible]

ma para sus admira[ciones] [...] sátira. No anda remisa en [...] sus "hombres" [...] Cabe diremos que a menudo anda a la [...] de él. El ingeniero Baigorri no puede mirar con indiferencia esta popularidad que viene a demostrar hasta dónde ha llamado la atención su aparato electromagnético propiciador de lluvias.

Usan términos científicos

HEMOS sorprendido una conversación entre dueños de casa, la cual viene a demostrar hasta dónde el invento del mago de las lluvias ha cundido.

—Las características [climáticas] del día parecen favorables [...] de la una, mientras otra [...] en la azotea.

—A lo que la otra respondía, desde el cuadradito [...]

—Y pensar que tenemos [...] la amenaza de un séptimo continente [...]

—Desde que Baigorri [...] capta la onda de "[...]", he creído con él [...] Yo también he podido [...] una cosa, que cuando el aparato funciona se corta la mayonesa.

—El grado de [...] de las masas aéreas trasladadas a nuestra zona tiene que producir trastornos inesperados. El embrollo de mercar de mis chicos lo atribuyo a esa circunstancia.

—Es que es inútil [...] no se puede jugar con los metales radioactivos y con la "onda criolla", sin que la [...] lo pague caro. Y los que se embroman siempre son los mismos [...] Ud., con el embrollo de [...]

Los hombres de ciencia frente al experimento

LA ciencia oficial que niega autoridad a las experiencias de Baigorri, ha demostrado con ello hasta qué extremo la presupone. No se concibe que, de pronto, un hombre que no tiene crédito o burocrático, pueda apadrinar una creación notable. La ciencia tendería entonces [...] traducirse en la ciencia misma "los fines" y que te debiera [...] ventilar algo son aquellos que [...]

ea su sueldo para eso. Dejando de lado la responsabilidad de Baigorri y la categoría de su invento, cabe reconocer que éste ha sido negado antes de experimentárselo seriamente. Los hombres de ciencia no han tenido una actitud generosa frente al experimento. Han negado sistemáticamente, han juzgado con los ojos cerrados. Y ello no corresponde a inteligencias que deben vivir aguzándose por extraer el misterio cada día una cosa nueva.

Hipótesis

A las comprobaciones pasadas por agua que se redujeron hasta ahora, la imaginación popular [...] quiere [...] con hipótesis explicativas de lo que contemplan como un milagro. Hacer llover artificialmente les parece un milagro. Y entonces tienden a destruir ese milagro dándole una explicación al alcance de todos. Entre las hipótesis más corrientes figura la de que Baigorri posee un barómetro sensibilísimo, de tan extrema sensibilidad que le permite conocer antes que nadie las épocas de lluvia. Y que entonces él promete hacer llover de acuerdo a los augurios de su barómetro. Si hubiera sido así, Baigorri no hubiera hecho otra cosa que seguir el procedimiento de antiguos reyes [...] para ganarse la adoración fanática de sus súbditos. Ellos también provocaban las crecientes del Nilo, beneficiando los esmerados vecinos y hacían en esa forma caer lluvias sobre las tierras secas. Hay quienes aseguran que [...] remontarnos tan lejos, en algunos [...]

Se le llama de todos lados

EL mundo entero, que ha contemplado con terror el problema de las sequías, tiene puestos los ojos en el invento que atrae las lluvias y las arroja sobre el lugar en que se requieren. En [...]

Fragmento de una nota aparecida en el diario La Razón durante el mes de diciembre de 1938, donde se destacan el tamaño del artículo (escrito a cuatro columnas) y el tratamiento favorable del ingeniero.

TELEFONOS
U.-Mayo 9031 al 9037

CANCIONERO PORTEÑO

El Llovedor

Por LUIS CANELA

¡Y consiguió hacer llover
don Baigorri, el llovedor!
Fué derecho en prometer,
pero en cumplir fué mejor.

Ya el treinta al atardecer
el cielo tomó un color
de estar dispuesto a llover,
y a la noche entró a tronar
cual si fuese a diluviar,
a diluviar o algo peor.

Y fué tan grande el calor
que hubo muchos concejales
que pensaron, por pensar
cosas sobrenaturales,
que todo se iba a licuar
y se iban a liquidar
las deudas municipales.

Desde que empezó a tronar
toda la gente decía:
—¡Ese es Baigorri Velar
que pretende reformar
a la meteorología!
Y no hubo uno que no alzara
la cara llena de anhelo,
esperando que del cielo
le cayese agua en la cara.

Entre tanto, el llovedor,
se lo pasaba en su altillo
ante uno y otro tornillo
de ese aparato sencillo
que es su orgullo y es su amor;
y como es un hombre huraño
dejó las cosas dispuestas
de modo de aguar las fiestas
que la gente hace a fin de año.

Primero captó la onda,
lo cambió de rumbo al viento
y lleno de gran contento
observó que, a la redonda,
el cielo se ennegrecía
con la sombra de un ciclón
que al desatarse traería
una precipitación.

Y así fué que el treinta y uno,
ya el invento en plena acción,
se produjo un chaparrón
violento e inoportuno;
por lo cual dijo más de uno
que se pensaba estrenar
algún palm - bich elegante:
—¡Pucha, que tipo secante,
este que me hace mojar!

Y otra gente descreída,
esa con alma feroz
que todo lo ve al revés,
murmuraba complacida:

—Él prometió para el dos,
para el dos y para el tres;
de modo que este anticipo
no es la lluvia prometida
por las ondas de su equipo.
Pero el primero volvió
a mostrarse gris el cielo,
y el lunes amaneció
lloviznando sin consuelo.
Y si alguno sonreía
de pura incredulidad,
don Baigorri, le decía:
—Si esta lluvia no es verdad,
el que dude de mi invento
y no quiera cerciorarse
de que mi lluvia no es cuento,
tendrá que creer o mojarse.

Mas, aún quedan descreídos
que dicen que eso es casual,
pues la opinión oficial
no presta a Baigorri oídos;
y afirma más de un tilingo
de esos de escaso criterio
que el tal invento no es serio
porque no lo inventó un gringo.

Más yo, que no soy pedante,
creo en Baigorri y su invento,
pues es menos ignorante
el que cree en un error
y pone alguna esperanza
en todo ilusorio intento,
que el que, por ser petulante,
a nada tiene confianza
y a todo niega valor.

Decir que no puede ser
lo que otro puede alcanzar,
es igual que pretender
saber todo y penetrar
los misterios del saber...
Nada se debe negar
y en todo se debe creer,
hasta en Baigorri Velar
que dice que hace llover;
pues es propio de hombres huecos
creer que todo es paradoja...
Yo creo y no me sonroja
creer ni en estos embelecos
de que donde hay tantos secos
exista un hombre que moja.

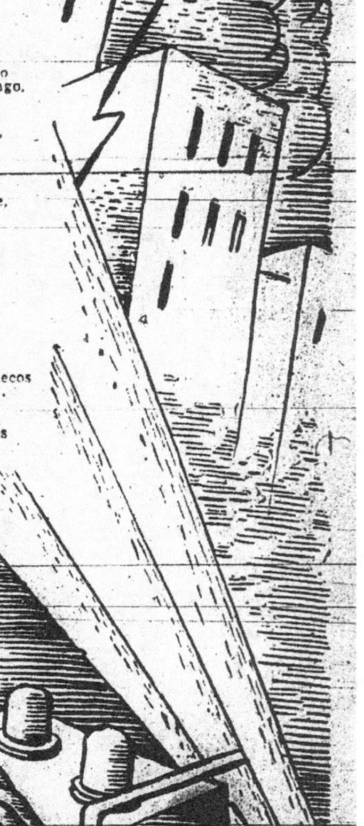

Página final de la edición de Crítica del 7 de enero de 1939. La lluvia prometida a Buenos Aires había sucedido, y Baigorri se convirtió en un personaje de actualidad.

Opina Martín Gil Sobre J. Baigorri

Cree que se puede obtener lluvias artificiales

Cinco metales radioactivos combinados con substancias químicas preparadas sintéticamente, sirviendo de base a un aparato electromagnético especial. Dos antenas instaladas convenientemente y de forma original. Y un ingeniero geofísico, el señor Juan Baigorri Velar, inventor del aparato, que después de largas experiencias lograría captar una onda electromagnética cuya dirección se encuentra dentro de la del meridiano de Cleops.

LLUVIAS

Con ese aparato y por acción de la onda el ingeniero Baigorri provocaría determinadas convulsiones atmosféricas que originarían tormentas, lluvias artificiales e incluso el cambio del curso de los vientos. Y, de acuerdo con sus afirmaciones, tales fenómenos provocados artificialmente dan la posibilidad de que en breve tiempo, instalando numerosos aparatos idénticos al de su invención, el hombre logre un dominio tal sobre la naturaleza que imponga una verdadera revolución científica y técnica, una revolución de tal índole que facilitaría la producción agrícola, destruiría la supeditación de la sociedad a leyes naturales hasta hoy indomables y ciegas, etc.

HABLA M. GIL

Claro está que el anunciado descubrimiento no podía dejar de interesar vivamente a los hombres de ciencia y al público en general. Y que de inmediato se iniciará en torno al mismo un apasionado debate en el que el pro y el contra se manifestarán rotunda y apasionadamente. Aunque también, en ciertos casos, con tono un tanto escéptico y humorístico.

Por esto hemos considerado de

OPINA MARTIN GIL sobre las lluvias artificiales que habría logrado provocar el ingeniero Baigorri Velar

experiencias que anuncia, tales como una lluvia artificial para el 3 de enero, con la que "obsequiará al público de Buenos Aires".

SERIEDAD

—Para mí son hombres cuyos antecedentes excluyen cualquier suspicacia malintencionada. Por esto, y no teniendo a mano todos los elementos de juicio necesarios para dar un fallo personal sobre un descubrimiento que podría ser de trascendencia enorme, de ser cierto, prefiero no dar opiniones terminantes. Siempre hay tiempo para definirse sobre cuestiones científicas y hechos concretos, más todavía tratándose de casos como este. Pronto, cuando el ingeniero Baigorri concrete más, tendré los medios para hacerlo. Y PREGON, desde ya, puede

Fragmento de una entrevista realizada por el diario Pregón a Martín Gil, en el que se declara neutral en la polémica que enfrentaba a Baigorri y Galmarini, y reconoce que la máquina podría ser posible.

En Sgo. del Estero se Realizó una Parodia, Dice el Director de Meteorología, Galmarini

La Lluvia Caída el Día 25 Habría Sido Pronosticada por la Oficina Meteorológica

¿SE ha inventado o no el aparato que artificialmente provocará lluvias, a gusto y paladar del que lo maneje? Esta es la pregunta que hoy apasiona a Buenos Aires y las experiencias que, al respecto ha realizado el ingeniero Baigorri Velar en la provincia de Santiago del Estero, han causado un revuelo con ribetes de escándalo en los círculos científicos de todo el país.

Con el propósito de ofrecer a nuestros lectores una opinión autorizada sobre esta apasionante cuestión, esta mañana entrevistamos al director de Meteorología del Ministerio de Agricultura de la Nación, ingeniero Alfredo G. Galmarini, quien no sólo nos ha negado rotundamente la existencia de este invento, cuyas proyecciones fantásticas son apenas perceptibles, sino también ha encarado las versiones circulantes a ese respecto, con franco y decidido tono risueño. En explícitas declaraciones, el funcionario citado nos expresó lo siguiente.

—Ante el conocimiento de la [...] ginación tropical, al punto que estimo que los comunicados de referencia debieron aparecer, por tener más oportunidad, en un día 28 de diciembre por las razones que son conocidas.

Ya se había pronosticado la lluvia

—Es tal el alcance de las informaciones del técnico que ha intervenido en la parodia de Santiago del Estero, — prosigue el ingeniero Galmarini — que ya debíamos empezar por pensar que están demás las oficinas de riego, los diques de embalse y todo cuanto la técnica ha construido en las zonas áridas. Ya no tendremos más desiertos, según la panacea que se anuncia, y a este respecto, entiendo que los que han defendido este sistema, si lo han hecho con sinceridad, se han quedado cortos en las proyecciones del invento, pues, si con una pequeña cajita se ha conseguido hacer llover en una extensísima zona del país y haber provocado una perturbación meteorológica característica, que a las 9 horas del día 24 de diciembre la Oficina Meteorológica [...]

Abundantemente Ha Llovido en Santiago del Estero

SANTIAGO DEL ESTERO, 27. (De nuestro corresponsal). — Las lluvias caídas en la noche del sábado y durante el domingo últimos, abarcaron una gran parte de la provincia, estimándose que beneficiará grandemente a la agricultura y la ganadería.

Según informaciones suministradas por las empresas ferroviarias y el Telégrafo de la Nación, la precipitación pluvial fué la siguiente:

Capital, 60 milímetros; estación Fernández, 70; La Banda, 60; Loreto, 45; Robles, 10; Silípica, 10; Villa Símbolar, 44; Los Naranjos, 44; Guasayán, 10; Vinará, 15; Tapeo, 24; San Pedro, 10; Choya, 26; Loreto, 21; Sanjón, 12; Herrera, 9; Lugones, 13; Taboada, 14; Forres, 14; Beltrán, 18; Vilmer, 20; Selva, 11; San Ramón, 53.

En menor cantidad llovió en otros puntos.

[...] to otro en el terreno de la meteorología. En abono de esta opinión, [...]

Fragmento de una página del diario Crítica del 27 de diciembre de 1938, en el que se reproduce el comentario condenatorio del Ingeniero Alfredo Galmarini junto a la crónica de la lluvia producida por Baigorri en Santiago del Estero.

Es Una Farsa la Lluvia Artificial de Santiago

Habla el Director General de Meteorología

LA divulgación de una noticia relacionada con supuestos experimentos realizados en Santiago del Estero, y según los cuales el ingeniero Juan Baigorri Velar habría provocado lluvias artificiales desde su laboratorio, motivó la consiguiente curiosidad e interés de conocer el verdadero alcance de tales experiencias, y si podrían ser dignas de crédito las afirmaciones de que mediante la captación de ondas electro-magnéticas se podía conseguir a voluntad el citado fenómeno.

Con el fin de conocer la opinión de una persona especializada y de reconocida seriedad en la materia, hemos visitado al director de Meteorología, Geofísica e Hidrología, ingeniero Alfredo G. Galmarini, quien se ha expresado en términos que no dejan ninguna duda sobre la verdad del asunto. No se trata, como se verá más adelante, sino de una nueva invención del gobierno de Santiago del Estero, que empezó por inventarse a sí mismo, para darnos luego otras tantas sorpresas e invenciones, como la venta de tierras fiscales y la ruleta, que necesitó de la reforma de la Constitución, y culminar ahora con la lluvia artificial. Era lo que faltaba para ahogar los desaciertos de ese gobierno, que es lo único artificial en aquella provincia.

Es una farsa

Sólo cabe un desmentido categórico —dijo el ingeniero Galmarini—, sobre la verdad de los experimentos realizados en Santiago del Estero, pues están reñidos con principios físicos que determinan la existencia de los fenómenos atmosféricos en general, y en el presente caso, el de la lluvia. La desproporción de fuerzas entre el fenómeno natural meteorológico y la [...]

[...] concretamos a los chaparrones caídos ayer en Santiago del Estero, es casi imposible traducir en cifras la cantidad de energía que la naturaleza utilizó para provocar dichas lluvias. El hombre, en la actualidad dispone de una suma tan ínfima de energía, que toda la que está bajo su dominio no serviría para producir ni la más pequeña tormenta.

Problema antiguo

La sequía y el deseo de provocar artificialmente la lluvia es un asunto que ha preocupado al hombre desde hace muchos siglos. Desde la Edad Media — agregó el ingeniero Galmarini — quedó planteado el problema, y se pensó que con el ruido de las campanas se podrían obtener precipitaciones pluviales. Posteriormente se hicieron experiencias por medio del cañoneo o las bombas de pirotecnia, sin ningún resultado positivo, como quedó demostrado en la gran guerra de 1914, especialmente en la famosa batalla de Verdún, donde [...] gestión colectiva de la cual llegó a contagiarse el estado mayor de los aliados, pues se creyó que Alemania cambiaba a su antojo las condiciones del tiempo, provocando tormentas o ciclones, según podían ser favorables para sus planes estratégicos. En tales circunstancias fué llamado de Inglaterra una de las más grandes autoridades en meteorología: el profesor Napier Shaw. Su informe fué terminante al respecto y el mito de las lluvias artificiales quedó desvanecido.

Los Estados Unidos de Norteamérica — dijo a continuación — no podían escapar a toda clase de experimentos, entre ellos, el cañoneo y las bombas. Durante una fuerte sequía en el Estado de Ohio se ensayó un nuevo procedimiento, haciendo desde un avión descargas de arena electrificada sobre una nube, con el propósito de provocar la condensación del vapor de agua. Sólo se consiguió "perforar" la nube, sin obtener para la tierra sedienta ni una gota de agua.

El público ha sido engañado

Preguntamos al director de Meteorología si existía la posibilidad de que las lluvias de ayer en Santiago del Estero hubieran sido motivadas por el experimento. Su respuesta fué una sonrisa significativa, seguida de una serie de informes precisos sobre el fenómeno natural. Tales lluvias — dijo — estaban ya anunciadas por la Dirección de Meteorología, y el supuesto experimento se realizó haciéndolo coincidir con los chaparrones. Pero el inventor estuvo poco acertado al escoger los días en que realizó sus experiencias, pues se le pasó [...]

A la Vista de la Familia se Ahogó Ayer un Hombre

El sensible accidente se registró en La Plata

EL DRAMA

LA PLATA, 26 — En el canal Este, dentro de la jurisdicción de la Subprefectura del puerto local, se produjo un accidente que consternó a una familia, al ver desaparecer para siempre a un miembro de ella.

Fué víctima Juan Julio Porcel, argentino, de 25 años, casado y padre de un niño. Había concurrido con éste y otros miembros de su familia a la isla Paulino, desde donde resolvió hacer un paseo en bote, emprendiendo viaje hacia el canal Este.

Porcel era buen nadador, y durante el paseo no pudo contener la tentación de darse un baño. Fué así cómo se lanzó al agua desde la embarcación y se alejó unos 50 metros, mientras desde el bote su esposa y demás parientes observaban sus movimientos. De pronto notaron que hacía señales en demanda de auxilio, que era imposible prestarle en tales momentos por la distancia que mediaba y porque, además, nadie sabía remar. Porcel desapareció en esas circunstancias de la superficie y no volvió más a ella.

Al escuchar los gritos de las personas que estaban en el bote, acudieron algunas otras, que debieron limitarse a poner a los ocupantes de la pequeña embarcación a cubierto de algún otro accidente.

INCREPO A VARIOS SUJETOS Y ESTOS LO AGREDIERON

En la esquina de las calles Boedo y Agrelo, donde se encontraban estacionados varios individuos, al pasar por ese lugar el vecino Joaquín Leonardo Núñez, acompañado de su esposa, aquéllos profirieron insultos contra la mujer.

Reaccionó Núñez y se volvió para increpar a los desconocidos, pero éstos, amparados por la [...]

El mismo 27 de diciembre de 1938, el diario La Razón también reflejaba la polémica entre Alfredo Galmarini y Baigorri.

El lunes 2 de enero de 1939, Crítica publicó en la página 2 la viñeta en la que aparecen Galmarini y Baigorri con el paraguas que le envió al funcionario, luego de lanzar su desafío.

El texto dice: "Me va a Usted a permitir / que el paraguas venga a ofrecer. / Usted director / porque temo que esta noche va a llover".

El Ingeniero Baigorri Hará Llover del 2 al 3

(Viene de la pág. 3)

imposible de clasificar. Es necesario considerar que yo estaba trabajando en una de las regiones del mundo en donde menos llueve. Me llamó la atención el fenómeno, y consideré que muy bien esas pequeñas lluvias podrían ser originadas por la congestión electromagnética que la irradiación de mi aparato produjera en la atmósfera. Y entonces abandoné toda labor fructífera desde el punto de vista económico, para dedicarme a estudiar este raro caso de electromagnetismo que no había sido estudiado por nadie hasta ahora. Modifiqué la constitución y potencia del mecanismo, combiné metales radioactivos, reforcé el poder de las substancias químicas. Realicé así muchas experiencias en secreto. Me alejé de la zona de los grandes ríos, busqué regiones secas. Y mis experiencias eran cada vez más concluyentes. Hasta que decidí pedir el apoyo de alguna institución. Es así que me dirigí a los directores del F. C. C. Argentino.

La dirección de los vientos

El primer fenómeno que se observa cuando efectúo mi procedimiento es la dirección del viento. Esto tiene una importancia extraordinaria. El viento norte arranca de cuajo las raíces de las plantaciones; no basta que llueva, es necesario cambiar la dirección del viento. Y este es el primer fenómeno que se observa. Y esto se produce debido al trabajo de las ondas electromagnéticas sobre el aparato de mi invención. El cambio de dirección del viento quedó comprobado en Pinto, apenas el aparato comenzó a funcionar. El último día de los experimentos se había desconectado y el viento dejó de soplar. Y durante la tarde se volvió a soportar el cálido viento norte y al anochecer calmó. Se conectó de nuevo el aparato y casi de inmediato, a los pocos minutos, comenzó a correr de nuevo el viento del este. He domesticado, pues, el viento norte — nos dice sonriendo.

Los centros ciclónicos

A consecuencia de los trabajos que yo realizaba en Pinto se produjeron estados que yo llamo centros ciclónicos, en la provincia de Tucumán. Con los yacimientos metalíferos de las montañas, las ondas electromagnéticas entraron en una especie de congestión. Esto dió lugar a que yo realizara una nueva rectificación en mis procedimientos para impedir estos efectos inesperados. Mi aparato, como ya dije, tiene un radio de acción de 1.350 kilómetros.

Lluvia inicial

—El 11 de noviembre último, a las 16 horas, con 39 grados de temperatura, cielo completamente normal, la lluvia se produjo después de ocho horas y media de trabajo. Esto aconteció en la colonia Los Milagros, del señor Juan Balbi, en presencia testimonial del ingeniero Hugo Miatello. En esa circunstancia había instalado dos antenas, a las cuales estaba conectado el aparato. Debo agregar — nos dice el ingeniero Baigorri — que la antena de dos polos, negativo y positivo, es tan poderosa que actúa por simple contigüidad. Para impedir su acción en los momentos en que no trabajo, debo hacer corto circuito en un pedazo de cinc. La máquina es tan sensible que atrae la lluvia por sí misma, no estando en funcionamiento total.

La lluvia milagrosa

La primera lluvia que hice caer sobre Santiago del Estero fué el 23 a las 7.30 de la mañana. Los diarios, transcribiendo el pronóstico dado por la Dirección de Meteorología, consignaban lo siguiente el día jueves 22: Norte de Santa Fe, Corrientes, Misiones, Chaco, Formosa, Santiago del Estero, Tucumán, Salta y Catamarca, bueno y muy caluroso". Comencé yo a trabajar el día 20 a las 6.30 de la mañana. A las 55 horas, el 23 a las 7.30 de la mañana, caía la primera lluvia. Debo hacer notar que el 22 a la noche ya estaba nublado. A las 122 horas y 45 minutos de trabajo comenzó a llover torrencialmente. Llovió once horas consecutivas. Eso aconteció el 24 de diciembre a la noche.

Ahora estoy preparando la lluvia que haré caer sobre Buenos Aires del 2 al 3 de enero, como respuesta a las censuras hijas de la incredulidad con que algunos técnicos han recibido mi descubrimiento.

Fragmento de una extensa nota publicada por Crítica el 28 de diciembre de 1938, en el que, además de observarse el tamaño de la cobertura, el diario no duda en afirmar que Baigorri hará llover.

Hoy Empezó Baigorri a Preparar la Lluvia que Caerá del 2 al 3

A las 10, en que Empezó a Funcionar el Aparato, Había Cambiado el Viento

HOY, a las diez de la mañana, el ingeniero Baigorri Velar, que ha prometido a la ciudad de Buenos Aires como regalo de Año Nuevo una lluvia del 2 al 3 del próximo enero, puso en funcionamiento el aparato electromagnético que provocará la precipitación pluvial. El hecho, a pesar de su simplicidad, adquirió contornos de tocante solemnidad.

Después que el ingeniero Baigorri inspeccionó minuciosamente el contenido del aparato, hizo la graduación de los reactivos y examinó milímetro por milímetro el estado del hilo de la antena. A continuación conectó la antena con el aparato, comenzando éste a producir irradiaciones. El hecho solemne fué presenciado por algunos periodistas, la esposa del ingeniero Baigorri Velar y por su hijo William. El laboratorio del "mago de la lluvia" queda en una especie de torre que domina toda la casa, teniendo una vasta perspectiva sobre la calle Ramón L. Falcón y Araujo. De las otras casas los vecinos, subidos en las azoteas y terrazas curioseaban el espectáculo sin llegar a "pispar" nada.

La casa del ingeniero Baigorri ha adquirido gran prestigio, en el auténtico sentido que esta palabra tiene en castellano: la gente presiente que allí dentro, en ese altillo, hacia donde llegan los hilos de la antena, está sucediendo algo mágico, algo parecido a lo que muestran los grabados antiguos en que un mago está frente a una alquitara tratando de producir oro. Las miradas ansiosas se dirigen allí dentro y la gente se pre...

El 30 de diciembre de 1938, el diario subió la apuesta, anunciando el inicio de los trabajos destinados a hacer llover sobre Buenos Aires. Ilustraron la noticia con una fotografía en la que aparecen Baigorri y su hijo William en el laboratorio del altillo en su casa de Villa Luro.

Tapa del diario Crítica del lunes 2 de enero de 1939

Tapa de la revista *Caras y Caretas* del mes de enero de 1939.
La figura de Baigorri es utilizada como motivo para el humor político.
El texto dice:
Baigorri: "hasta en parajes remotos / hago llover con firmeza / y durante un largo rato"
Fresco: "Pero la lluvia de votos / es la que nos interesa, / y ya existe el aparato."

Un Ingeniero Argentino Ofrece a Chile sin Ningún Costo Vientos, Calor, Lluvias y Hasta Relámpagos

SANTIAGO DE CHILE (ANSA) — Juan Baigorri, un ingeniero argentino, ofrece a Chile —sin costo alguno— "cambios de vientos, aumento de la temperatura ambiente, fuerte irradiación solar y cielo estrellado hasta el momento del desequilibrio de la naturaleza que provoca la lluvia artificial, descargas eléctricas, horizontales en lugar de verticales, y relámpagos intermitentes". Baigorri, que con su ofrecimiento parece ser el propietario y rector de los cielos del mundo, dice que en noviembre de 1951 hizo llover en la provincia argentina de Córdoba, donde no caía agua desde hacía 8 años. Tal fue la eficacia de sus aparatos —dice— que, sin quererlo, provocó un tornado de desastrosas consecuencias. Por el momento, Baigorri no revelará sus secretos. El ofrecimiento de sus servicios lo hizo a Chile a través de la embajada de Buenos Aires, que transcribió la nota al ministerio de Relaciones Exteriores y éste, a su vez, al de Agricultura... donde la cosa está en estudio.

Noticia publicada en el diario La Razón el 14 de noviembre de 1967. Finalmente no hubo acuerdo y Baigorri no viajó a Chile.

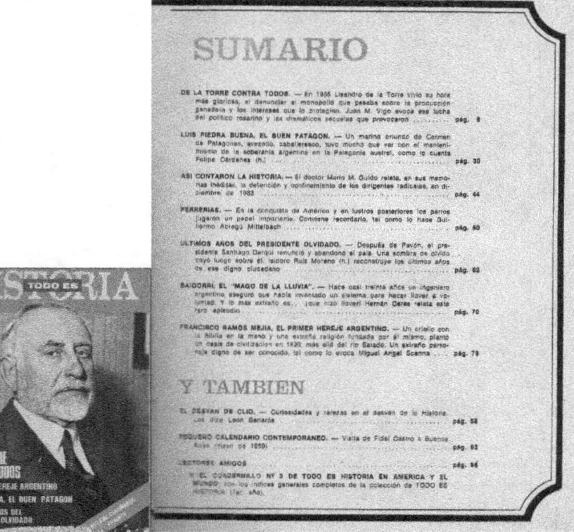

Tapa y sumario del número del mes de mayo de 1968 de la revista *Todo es Historia*, que dedicó a Baigorri una nota de ocho páginas recorriendo sus trabajos y su historia.
El extenso artículo fue ilustrado con fotos de archivo y, probablemente, es una de las fuentes más importantes de información apócrifa acerca del ingeniero.

Colocaron en Córdoba Extraños Aparatos Para Hacer Llover y, si Ello Ocurre, su Dueño Cobrará Muy Alto

CÓRDOBA — En la zona de Calchín, Sacanta y El Arañado crece la expectativa en torno a las actividades que cumple el ingeniero Juan P. Baigorri, quien, con extraños aparatos, se ha instalado en un campo en las proximidades de la primera de las localidades aludidas "para hacer llover". Si esto ocurre hasta el 22 del actual, Baigorri cobrará la nada despreciable suma de un millón de pesos, y si no, deberá embalar sus bártulos sin percibir un centavo. Ayer se produjo en la zona citada un fuerte viento huracanado y elevada temperatura, algo más de 30 grados, anomalía atmosférica ésta que, según Baigorri, las había producido él con sus aparatos, ya que la masa de aire caliente atraerá las tan esperadas lluvias.

Noticia publicada en el diario La Razón el 14 de agosto de 1969, en la que se anuncia un nuevo trabajo de Baigorri en la provincia de Córdoba.
El 22 de agosto, el mismo diario informó que por dificultades técnicas, el ingeniero suspendió los trabajos, y resignó el cobro del millón de pesos (de ese entonces) prometidos como premio.

Aquellas Lluvias Traen Estos Lodos

Baigorri Reclama Honorarios a una Empresa del Estado, en el Uruguay, por Haber Hecho Llover

FRAY BENTOS, Uruguay (UP) — El técnico argentino Juan Baigorri reclama honorarios a Usinas y Teléfonos del Estado (UTE) por haber hecho llover. Baigorri, ampliamente conocido en Argentina y en otros países por sus experimentos para provocar la lluvia artificialmente, se encuentra en esta ciudad, y en declaraciones a los periodistas locales afirmó que había firmado, el año pasado, un contrato con la UTE, ante escribano público, comprometiéndose a hacer llover 200 milímetros, encargándose el ente oficial de todos los gastos. El contrato fue suscripto como resultado de una gran sequía que afectó la producción de las centrales hidroeléctricas instaladas en el río Negro. Dice Baigorri que comenzó a trabajar en la zona de las represas el 1° de mayo del año anterior, y para el día 9 del mismo mes se habían producido precipitaciones pluviales que superaron los 280 milímetros, normalizándose el trabajo de los generadores. Agrega que, pese al tiempo transcurrido y a todas sus gestiones, incluso por intermedio de la embajada uruguaya en Argentina, no ha podido cobrar sus honorarios, que ascienden a la suma de 350.000 pesos (1.400 dólares, al cambio oficial).

Noticia publicada el 24 de noviembre de 1971, pocos meses antes de su fallecimiento.
El pago que reclamaba Baigorri nunca se hizo efectivo.

Folio Nº 45

NOTICIA

Motivo A través de una información telefónica anónima se pone en conocimiento que esta tarde, en el Hospital Salaberry, habría fallecido Baigorri Velar, quien había adquirido notoriedad a través de sus intentos de producir lluvia artificial. El informante desconoce otros datos.—

Fecha 22/3/72   Nombre y Apellido

C. I. o L. E.   Dirección y Teléfono

Atendido por RM

Firma

Cable del diario La Razón, informando que un llamado anónimo dio cuenta del fallecimiento de Baigorri. La noticia corresponde al mismo día de su fallecimiento.

REGISTRO CIVIL

CIRCUNSCRIPCION DEFUNCIONES TOMO *1-O* NUMERO *522* AÑO 19 *72*

En Buenos Aires, Capital de la República Argentina, a *23* de *marzo* de 19 *72*. Yo, Funcionario del Registro del Estado Civil, inscribo la DEFUNCION de *Juan Pedro BAIGORRI*

Sexo *masculino*, nacionalidad *uruguaya*
estado *viudo de Arminda SACCARDO*
profesión *Jubilado* .... Doc. Ident. ....
domicilio *Araujo 347*
Hijo de *Matho BAIGORRI*
y de *Luisa BERTOL*
nacido en *San José, Uruguay* el *4* de *enero* de 1 *892*
Ocurrida en esta ciudad *Juan B. Alberdi 6350*
el *22* de *marzo* de 19 *72*, a las *15 y 15* horas
Causa de la defunción *Ileo post operatorio*
Certificado médico *Juan Salvador LUBERTINO*
Interviniente *Enrique TARULLA* .... Doc. Ident. *2.699.256*
Domicilio *Rivadavia 7358* .... Obra en virtud de *la autorización de Esteban Luis BAIGORRI, hermano del fallecido que se archiva - enmendado: 523 vale*

CESAR GUTIERREZ EGUIA
OFICIAL PUBLICO
REGISTRO DEL ESTADO CIVIL
Y CAPACIDAD DE LAS PERSONAS

Certificado de defunción de Baigorri, en el que consta su condición de uruguayo.

REGISTRO DEL ESTADO CIVIL Y CAPACIDAD DE LAS PERSONAS

DEPARTAMENTO INSCRIPCIONES — TOMO *170* — NUMERO *170* — AÑO 19*84*

En Buenos Aires, Capital de la República Argentina, a *20 de Septiembre* de 19*84*. Yo, Funcionario del Registro del Estado Civil y Capacidad de las Personas, por mandato del señor Juez Nacional de Primera Instancia *en lo Civil* de esta Capital doctor *Miguel Angel Vilar* Juzgado Nº *16* Secretaria Nº *32*, según oficio de fecha *18.9.84 En autos: BAIGORRI Juan Pedro S/Sucesión* procedo a inscribir la sentencia que transcripta dice: *Buenos Aires, Septiembre 11 de 1984 Autos y Vistos:... declárose que Juan Pedro BAIGORRI, al momento de su fallecimiento, 22 de marzo de 1972, era de estado civil casado con Camila MAQUIEIRA, y no viudo de Arminda Saccardo, como por error consta en la partida de ts 1. A los fines de la rectificación de la partida mencionada líbrese oficio al Registro Civil... Miguel Angel Vilar. El Dr. Hercules V. Idroini, queda autorizado para la diligencia del presente. Es conforme en lo pertinente con su original doy fé*

PERLA J. P. DE TORRES
JEFA DPTO. INSCRIP. DIREC. LEGAL
REG. ESTADO CIVIL Y CAP. PERS.
SECRETARIA DE GOBIERNO

Acta que acompaña al certificado de defunción, en la que consta la orden del primer juez de la sucesión de rectificar el estado civil de Baigorri.

Nota necrológica publicada en el diario La Nación al día siguiente del fallecimiento de Baigorri.

Informe del tiempo del mismo día, 23 de marzo de 1972, publicado en el mismo diario, en el que consta que llovió. Ese día es, además, el Día Mundial de la Meteorología y Jorge Luis Borges fue premiado en la Universidad de Michigan (USA).

En la Villa de San José y el dia trece de Enero de mil ochocientos noventa y dos á las cinco de la tarde por ante mi Juan R. Pérez Juez de Paz de la 1ra sección del Departamento de San José y Oficial del Estado Civil, compareció D. Mateo Baigorri de veinte y ocho años de edad, de estado casado de nacionalidad oriental de profesion panadero y vecino de esta Villa declarando con objeto de que se inscriba en el Registro Civil. Que en su domicilio Calle Varandín el dia cuatro del mes de la fecha á la una y media de la tarde nació un niño que es hijo legítimo del declarante y de su esposa D.ª Luisa Bártoli, oriental de veinte y seis años, labores, y domiciliada con el declarante. Que es nieto por linea paterna de D. Pedro Baigorri, francés, de cuarenta y siete años, casado, alpargatero, y domiciliado en Montevideo, y de D.ª Juana Maria Moureno, francesa, de cuarenta y nueve años, labores, tambien en Montevideo; y por linea materna de D. Juan Bártoli, argentino, de sesenta años, casado, panadero, y domiciliado en Buenos-Ayres, (R.A.) y de D.ª Josefa Chausiño, oriental, de cincuenta y cuatro años, labores, y domiciliada con su esposo. Y que al expresado niño se le ha puesto el nombre de Jarou Pedro — Declaró ademas —

Todo lo cual presenciaron como testigos Don Eduardo B. López de cuarenta y dos años de edad, de estado casado de nacionalidad oriental de profesion comisionista y domiciliado en la Calle Colon 3a y Don Alejandro Fernandez de diez y ocho años de edad, de estado soltero de nacionalidad oriental de profesion barbero y domiciliado en esta Villa Calle del Uruguay N. 8. Leida esta acta la firman conmigo los declarantes y testigos

Mateo Baigorri   Eduardo B. López

Alejandro C. Fernandez.

J. R. Perez
Of. del E. C.

Partida de nacimiento de Baigorri, labrada en San José, Uruguay.

Número de Orden	Número de la Matrícula	FECHA	NOMBRE DEL ALUMNO	Edad	NACIONALIDAD	NOMBRE DEL PADRE
114	328	Febr 28	Jaime A. Patt	13	Argent	Jaime
115	332	"	Manuel P. Zadoff	13	"	Santia...
116	340	"	Mauricio Deheuen	11	"	Mauri...
117	342	"	Pedro C. Valdés	14	"	Pablo V...
118	344	"	Samuel Linning	15	Oriental	Samuel
119	3..	"	Juan B. Nigri	13	Italiano	Pascua...
120	348	"	... L. Graffigna	15	Argent	Bartolo...
121	35.	"	Fortunato Baigorri Velar	11	"	Fortuna...
122	363	"	Pablo Matas	13	Español	Pedro...
123	371	"	Jorge Mallol	12	Argent	Benito
124	373	Marzo 2	Octavio A. Trucco	12	"	Pedro A...
125	378	"	Raúl Bazzi	14	"	Luis
126	382	"	Antonio Moreira	15	"	Domin...
127	385	"	Emilio Miroli	15	"	Alejand...
128	774	"	Américo Hernández	12	"	Angel
129	400	"	Daniel J. Stockdale	13	"	Gregorio

Fragmento del libro de alumnos del Colegio Nacional de Buenos Aire del año 1903. Con el número de orden 121 aparece Fortunato Baigorri Velar.

Vista de la casa de Baigorri antes de ser demolida. A la izquierda de la imagen, se observa que la casa vecina (por la calle Ramón Falcón) ya había sido demolida.

Edificio que actualmente se levanta en la esquina de Araujo y Ramón Falcón. El árbol que se observa claramente en la puerta del edificio, es la de época en que Baigorri vivió allí.

//ñor Juez:

Resta acompañar las partidas de nacimiento de los hijos del causante que se presentan a fs. 35, Luisa Etelvina y Juan Pedro.-

Si bien en el expediente venido por cuerda se decidió / que no correspondía la exclusión del aquí causante en la declaratoria de henderos de su esposa, petición que formulara el hijo del segundo matrimonio de Juan Pedro Baigorri, y que fuera celebrado cuando aún vivía su primer esposa, por lo que está viciado de bigamia; tratándose en esta causa de la sucesión del bígamo, se presentan sus tres hijos nacidos del matrimonio del mismo con / Camila Maquieira, y el restante, fruto del matrimonio posterior / con María Arminda Saccardo, no pudiéndose dictar declaratoria de definitivamente hasta tanto no se dilucide la cuestión.

Fragmento del escrito en el que el primer juez de la sucesión, reconoce a William el derecho a heredar a su padre, y establece la nulidad del segundo matrimonio del ingeniero. Es la primera vez que Baigorri es llamado bígamo.

Número ciento nueve. En el Partido de Luján de la Provincia de Buenos Aires á veintiocho de Septiembre de mil novecientos veintidós, ante mí Carlos A. Elías Jefe del Registro Civil comparecen Don Juan Pedro Baigorri Velar que firma J. P. Baigorri Velar de treinta años nacido en San José República Oriental y domiciliado en el Partido de Nueve de Julio, agrimensor, soltero, hijo de Mateo Baigorri y de María Luisa Velar ambos argentinos y fallecidos en la Capital Federal respectivamente en mil novecientos dos y mil novecientos trece y Doña María Arminda Saccardo, mujer de veintiocho años, nacida en la Capital Federal y domiciliada en el Partido de Nueve de Julio, profesora normal, soltera, hija de Francisco Saccardo, constructor y de Catalina Mujio profesión la de su casa, ambos italianos y domiciliados en la Capital Federal quienes desean casarse e interrogados por mí uno a continuación del otro después de oír la lectura de los artículos pertinentes de la ley de Matrimonio y siendo hábiles para el acto según declaración de los testigos Don Américo Tarascando de veintiocho años casado, joyero y Don Juliano Antonio Tardó de treinta y cinco años empleado, soltero, ambos argentinos

Acta de casamiento con María Arminda Saccardo, su segunda esposa y madre de William Francisco.

Número doscientos doce: En la Capital de la República Argentina, á nueve de Junio de mil novecientos quince, á las doce y treinta de la tarde comparecieron ante mi Jefe de la Sección Veinte del Registro Juan Pedro Baigorri, de veinte y cinco años, soltero, uruguayo, nacido en San José de Mayo, martillero público, domiciliado Libertad mil trescientos sesenta, hijo de Mateo Baigorri y de Luisa Bertol, argentinos, fallecidos; y Ca[mila Maquieira] ... Libertad mil trescientos sesenta, hija de Peregrino Maquieira, español, martillero público, domiciliado en la misma casa que su hija, y de Francisca Filomena Muiños, española, fallecida, y me manifestaron que querían desposarse en presencia del padre de la menor quien prestó su consentimiento para este acto y de los testigos que al final se expresarán quienes declararon que respondían de la identidad de los futuros esposos y los creían hábiles para contraer

Acta de casamiento con Camila Maquiera, su primera esposa y madre de Juana Camila, Luisa Etelvina y Juan Pedro (h).

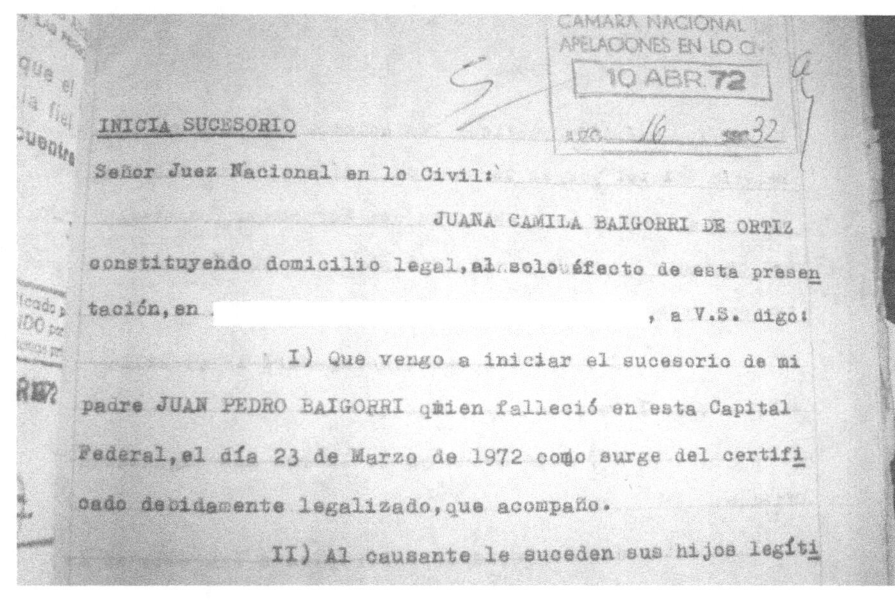

Fragmento del escrito judicial, con el que sus hijos del primer matrimonio iniciaron la sucesión. Nótese la fecha del trámite, diecisiete días posterior al fallecimiento de Baigorri. (Aunque Juana Camila falleció, se eliminó el domicilio que constaba en el documento, a pedido del abogado que representa sus intereses.)